SO-AZO-856

Berlitz

Italian
Today

Berlitz Publishing Company, Inc.

Princeton   **Mexico City**   **Dublin**   **Eschborn**   **Singapore**

ITALIAN
TODAY

Berlitz Publishing Company, Inc.
400 Alexander Park, Princeton, NJ 08540 USA
9–13 Grosvenor Street, London W1A 3BZ UK

First Printing – January 1998
Printed in USA
ISBN 2-8315-6747-5

Text: Anna Di Stefano, Margaret Powell, Daniela Trevari Gennari
Editorial Director: Inés Greenberger
Editors: Jennifer P. Bernardi, Mara Salvati
Production Editors: Joyce Gaskin, Elvira Ortiz
Audio Producer: R.P.L. Paul Ruben Studios
Interior Design: Max Crandall
Art Director: Barbara Rusin
Production Director: Helen Breen
Production: Lyndall Culbertson, Maureen O'Connor, Laura Shatz
Opener Illustrations: Andy Levine
Illustrations: David Chen, Lyndall Culbertson, Mona Daly,
    Annie Gusman, Linda Helton, Pronto Design, Chris Reed,
    George Thompson, Kurt Vargo
Maps: MAGELLAN Geographix, Parrot Graphics

Contents

U nit 1 is about getting to know people. When you have completed this unit, you will know how to:

- exchange greetings
- introduce yourself and others
- ask for and give information about names, nationalities, and languages spoken

Presentazioni

1

Word Bank

Benvenuti!	*Welcome!*	il nome	*first name*
Buon giorno!	*Good day!*	parla	*you speak, he/she speaks*
buono/a	*good*		
Mi chiamo...	*My name is...*	qui	*here*
Si chiama...	*Your name is..., His/Her name is...*	russo/a	*Russian*
		signora	*Mrs./Madam*
Come...?	*How...?*	signore/signor	*Mr./Sir*
francese	*French*	spagnolo/a	*Spanish*
giapponese	*Japanese*	suo	*your, his, her*
inglese	*English*	tedesco/a	*German*
mio	*my*		

Mi chiamo...

Giving and finding out basic information

RECORDING

1. *The hotel receptionist is asking someone's name, nationality, and where she comes from. Listen to the dialogue and repeat it. Practice saying what you hear.*

Come si chiama, signora?	What's your name? (to a woman)
Mi chiamo...	My name is...
È italiana?	Are you Italian?
No, sono americana del Nord.	No, I'm North American.
Di dov'è?	Where are you from?
Ma parla bene italiano.	But you speak Italian well.
Come mai?	How come?
Mio marito è italiano.	My husband is Italian.

RECORDING

2. *Listen to the dialogue again and decide whether the following statements are true or false.*

1. Maria Santoni è italiana. *false*

2. Maria parla bene italiano. *true*

3. È di Boston. *false*

RECORDING

3. *Listen to the alphabet and repeat it. Then try spelling the following names.*

Carol Hughes   Janet Wilkes   Brian Kelly   Julian Higgins

Listen to the recording to check your pronunciation. Make sure that you are able to spell your own name in Italian.

4.

The hotel receptionist checks a guest's first and last names. Listen to the dialogue and repeat it.

Il suo nome?	*Your first name?*
E il cognome?	*And last name?*
Come si scrive?	*How is it spelled?*
Va bene.	*That's fine.*

[handwritten: Il nome - first name / suo - your]

[handwritten: Price]

[handwritten: è inglese?]

5.

It's your first day at a language school in Italy and the people in your class are introducing themselves. Listen to the recording and match the names to their nationalities.

Example: Brigitte Verdier è francese.

[handwritten: Mi chiamo... / è sono...]

Brigitte Verdier	spagnolo/spagnola
Gianni Guerzoni	giapponese
Ernst Giese	francese
Noriko Tosheiba	russo/russa
Maria de Santez	italiano/italiana
Ludmila Gogoleff	tedesco/tedesca

Can you guess the name of the Italian teacher?

DidYouKnow?

Thanks to radio and television, a standardized Italian has been spoken across Italy for many years. There are twenty dialects in Italy, one for each region. Several of them actually have the status of languages, so Italians quickly recognize that someone is not from their region.

6.

How would you ask someone if he or she spoke the following languages: English, Russian, Spanish, German, French, or Japanese?

Example: Parla inglese? *[handwritten: Parla russo? Parla spagnolo? Parla tedesco? Parla francese! Parla giapponese?]*

TELEGIORNALE OGGI

Close up

The endings of words are very important in Italian. When using verbs to express what they are doing, thinking, or feeling, Italians rely on the endings of the verbs to indicate who or what is doing the action. Though the subject pronouns (I, he, she, we, you, and they) exist, they are normally only used for emphasis and you will see examples of this later. In the dictionary, verbs are listed in the infinitive form and most verbs will end in either **-are, -ere,-** or **-ire.** "To speak" is **parlare.**
Remove **-are** and add:

-o, parlo to mean "I speak."

-a, parla to mean either "you speak" or "he/she/ it speaks."

Some verbs have **-si** on the end of the infinitive form, and are known as reflexive verbs, such as **chiamarsi,** which is the equivalent of **chiamare + si** and literally means "to call oneself." **Chiamare** is treated the same way as **parlare,** but **-si** changes in the following way:

With **chiamo**, use **mi:**   **Mi chiamo . . .**   *I call myself . . . or*
I am called . . .

With **chiama**, use **si:**   **Si chiama . . .**   *You are called . . . or*
He, she, or it is called . . .

Of course some verbs are completely irregular and do not follow a pattern. For example, note the verb **essere,** meaning "to be":

sono   *I am . . .*

è   *You are . . . or He, She, It is . . .*

Adjective endings also are important and often tell whether the person or thing being described is either masculine or feminine. Adjectives ending in **-o** are masculine and those ending in **-a** are feminine. But those ending in **-e** can be either masculine or feminine.

-o = Masculine   Paul è americano.

-a = Feminine   Maria è americana.

-e = Masculine or Feminine   John è inglese. Elizabeth è inglese.

Parlo italiano, ma solo un po'

Talking about how well you speak a language

Word Bank

abbastanza	quite	il modulo d'iscrizione	enrollment form
benissimo	very well	molto	very
Buona sera.	Good afternoon./ Good evening.	Mosca	Moscow
la città	city	nessuno/a	none
la conoscenza	knowledge	non	not
elementare	elementary	ottimo/a	excellent
Grazie.	Thank you.	Parigi	Paris
il gruppo	group	parlato/a	spoken
imparare	to learn	per	for
l'indirizzo	address	Perchè?	Why?
intensivo	intensive	piccolo/a	small
lieto/a	glad	questo/a	this
la lingua	language	solo	only
il lavoro	work	lo straniero	foreigner
ma	but	svizzero/a	Swiss
medio/a	fair	Vero?	True?

1.

Mr. Motta is showing a German colleague, Franz Klaus around town when he meets Mr. Ferrari. Listen as they exchange greetings and Mr. Klaus is introduced. Listen to the dialogue and repeat it.

Buono giorno signor Motta!

Come sta?	*How are you?*
Bene, grazie, e Lei?	*Fine thanks, and you?*
Non c'è male.	*Not bad.*
Questo è il signor Franz Klaus.	*This is Mr. Franz Klaus.*
Piacere./Molto lieto. *a*	*Pleased to meet you.*
È qui in vacanza.	*He is here on vacation.*

Hamburg
è tedesco

IMPARARE

INGLESE, TEDESCO
FRANCESE, SPAGNOLO
ITALIANO PER STRANIERI

Nome _____ Azra ___
Cognome _____ Redzovic ___
Indirizzo _____ 244 Salem St. ___
Telefono _____ 897-0432 ___
Nazionalità _____ Bosnian ___
Numero di Passaporto _____ 45821693 ___

TELEFONA OGGI **Berlitz** ® Via Mercadante, 17MM Loreto ☎ **555 5399**
Via Larga, 8MM Duomo ☎ **555 0814**

2.

This is part of an application form for an Italian language course, can you fill it in?

3.

Match the correct answers to the questions in the following lists. When you have done this, cover up the reply column and see if you can supply your own answers. Then cover up the question column and see if you can provide your own questions.

1. Come sta il signor Motta?   a. Sì, è italiano.

2. Il signor Klaus è svizzero?   b. Sta bene.

3. Il signor Klaus è qui per lavoro?   c. No, è tedesco.

4. Il signor Ferrari è italiano?   d. No, è qui in vacanza.

4.

The hotel receptionist is having difficulty communicating with a young French woman who does not speak Italian. He sees Mrs. Pasini sitting in the lounge and asks her if she speaks French. Listen to the dialogue and repeat it.

[handwritten: Signora Pasini, Come Sta?]

[handwritten left margin: Late afternoon ←]

Buona sera.	Good evening.
Sto molto bene. *[handwritten: E Lei?]*	I'm very well.
Abbastanza bene.	Quite well.
Lei parla francese, vero?	You speak French, don't you?
Parlo un po'...	I speak a little...
Ma non molto bene.	But not very well.
Perchè?	Why?

[handwritten: Questa Signorina e francese, e non parla Italiano.]

5.

Match the correct answers to the questions in the following lists. When you have done this, cover up the reply column and see if you can supply your own answers. Then cover up the question column and see if you can provide your own questions.

1. La signora Pasini parla bene francese?

2. La signorina parla italiano?

3. La signorina è tedesca?

a. No, è francese.

b. No, non parla bene francese.

c. No, non parla italiano.

6.

There are several ways to say how well you do things. Rank these words from very well (4) to not very well (1).

3 bene ✓

2 abbastanza bene ✓

1 non molto bene ✓

4 molto bene ✓

DidYouKnow?

*You say **Buon giorno** up until 4:30 or 5:00 P.M. and **Buona sera** thereafter for the rest of the day. **Ciao** is a friendly, informal greeting which can be used at any time of day for either "Hello" or "Good-bye."*

7.

Your friends from the language school introduce themselves and assess their own language competence. Use the following table to help you compose sentences.

Example: Mi chiamo Gianni. Sono italiano, di Milano, e parlo francese ma solo un po'.

Nome	Città	Lingua parlata	Conoscenza
Brigitte	Parigi	russo	ma non molto bene
Ernst	Hannover	inglese	abbastanza bene
Noriko	Tokyo	italiano	ma solo un po'
Maria	Madrid	tedesco	abbastanza bene
Ludmila	Mosca	spagnolo	ma non molto bene

Close-up

Stare *actually means "to stay," but it is sometimes used in idiomatic phrases to mean "to be":*

> **Sto bene.**   I am well.

If you want to say "I am," use **sono**.

Forms of address

Notice that when Mr. Ferrari addresses Mr. Motta directly he says: **Buon giorno, signor Motta,** *but when Mr. Motta introduces Mr. Klaus he says:* **Questo è il signor Klaus.**

Il *and* **la**, *are two words for (the definite article) "the" in Italian.* **Il** *is used for most masculine nouns, and* **la** *is used for most feminine nouns:* **il signore** *and* **la signora,**

If you do not know the name of the man you are addressing, use **signore: Scusi, signore.**

If you do know his name, say **signor: Scusi, signor Motta.**

To say that someone does not do something, add **non** *before the verb:*

> **Non parlo italiano.**   I don't speak Italian.

Non can also be used for negative questions:

> **Non parla italiano?**   Don't you speak Italian?

If you're checking something, you can use the quick question **vero?**:

> **Lei parla francese, vero?**   You speak French, don't you?

Abito a Verona

Talking about where you live

Word Bank

abito	*I live… /I am living…*	Genova	*Genoa*
ti chiami	*You are called…* *Your name is… (informal)*	mamma	*Mom*
la domanda	*question*	la risposta	*answer*
Dove?	*Where?*	Venezia	*Venice*
Firenze	*Florence*	vicino/a	*near*

RECORDING

1. *Alessandra is a new face at the club that Matteo goes to and he decides to get to know her. They are young and use the informal form of address. Listen to the dialogue and repeat it.*

Mi chiamo Alessandra

Come ti chiami?	*What's your name?*
Non sei di qui, vero?	*You're not from here, are you?*
Abito qui.	*I live here.*
Dove abiti?	*Where do you live?*
Qui vicino.	*Near here.*

Non, sono di Firenze ma

2. *Match the answers to the questions in the following lists. When you have done this, cover up the reply column and see if you can supply your own answers. Then cover up the question column and see if you can provide your own questions.*

1. Dove abiti?   a. Mi chiamo Alessandra.

2. Come ti chiami?   b. No, sono di Firenze.

3. Sei di qui?   c. Abito qui vicino.

3. *Ask the appropriate question! You meet a woman and her young nephew at a museum. What questions do you ask each of them to elicit the answers below? Make sure you use the correct form of address for each.*

DidYouKnow?

There are several ways of saying "good-bye." **Arrivederci** *is the most common and can be used in any circumstances. If you wish to be very formal when saying good-bye to one person whether male or female, you should say* **Arrivederla. Buona notte** *is used last thing at night.*

Signora Manzoni	Filippo
1. Mi chiamo Giulia Manzoni.	Mi chiamo Filippo.
2. Sono di Genova.	No, non sono di qui.
3. Abito a Venezia.	Abito a Verona.
4. Sì, parlo inglese.	No, non parlo inglese.

4. *Now that we are nearing the end of the unit, here are some people saying good-bye to each other. Listen and repeat!*

5. *Listen and write! Listen to the last recording again and choose an appropriate good-bye for each of the situations depicted in the illustrations below. Use the Did You Know? to help you decide.*

1. Arrivederci   2. Ciao   3. Arrivederla   4. Buona notte

a.

b.

c.

d.

Your turn

You get to know some people at your hotel. Listen to the prompts and repeat your part in the dialogues.

Pronunciation

*The letter **u** is pronounced "oo" in Italian wherever it occurs. Say:*

Buon giorno   qui buona sera   buonanotte lingua

*The combination **ch** always sounds like "k" and never "ch." Try the following:*

mi chiamo   Chianti   chilo   perchè

*When **c** is followed by **e** or **i** it is pronounced "ch." Try saying:*

francese   piacere   ciao   arrivederci

*There is no letter "j" in Italian words, except for those borrowed from a foreign language, but whenever **g** is followed by **e** or **i**, it sounds like "j." Try saying:*

Genova   giapponese   Gianni   Giulia

Listen to the recording to check your pronunciation.

To ask a question in Italian, you simply raise your voice at the end of a sentence. Listen to the five recorded examples and decide whether they are questions or answers.

Close up

There are two ways of addressing someone in Italian, one formal and one informal. You use the formal when talking to an acquaintance or colleague and the informal when talking to a member of the family, a young person, or a friend. To obtain the informal "you" from the infinitive **parlare**, drop **-are** and add **-i**, **parli**. For **chiamarsi**, (to be called) in addition change the **si** to **ti**.

	Formal	Informal
Do you speak Italian?	**Parla** italiano?	**Parli** italiano?
What's your name?	Come **si chiama**?	Come **ti chiami**?

To say "How about you," you will also have to remember that there is a formal form, **E Lei?** and an informal form, **E tu?**

Sei is the informal form of "you are."

Checkpoints

Use the checklist to test what you've learned in this unit and review anything you're not sure of.

Can you...?   Yes   No

- *greet people* .... ☑ ..... ❑
  Buon giorno. / Buona sera.

- *say good-bye* .... ☑ ..... ❑
  Arrivederci. / Ciao.

- *ask someone's name* .... ☑ ..... ❑
  Come si chiama?/Come ti chiami?

- *give your own name* .... ☑ ..... ❑
  Mi chiamo...

- *ask where someone is from* .... ☑ ..... ❑
  Di dov'è? /Di dove sei?

- *say where you are from* .... ☑ ..... ❑
  Sono di...

- *ask where someone lives* .... ☑ ..... ❑
  Dove abita? / Dove abiti?

- *say where you live* .... ☑ ..... ❑
  Abito a...

- *give your nationality* .... ☑ ..... ❑
  Sono americano del Nord. / Sono americana del Nord.

- *ask if someone speaks English* .... ☑ ..... ❑
  Parla inglese? / Parli inglese?

- *say you speak only a little Italian* .... ☑ ..... ❑
  Parlo italiano, ma solo un po'.

- *introduce someone* .... ☑ ..... ❑
  Questo è... / Questa è...

- *say pleased to meet you* .... ☑ ..... ❑
  Piacere. / Molto lieto. / Molto lieta.

- *ask how someone is* .... ☑ ..... ❑
  Come sta? / Come stai?

- *say how you are feeling* . . . . ☑ . . . . . ❏
  Sto molto bene. / Non c'è male.

- *say "Thank you"* . . . . ☑ . . . . . ❏
  Grazie.

- *ask how something is written/spelled* . . . . ☑ . . . . . ❏
  Come si scrive?

- *spell your name in Italian* . . . . ☑ . . . . . ❏

Learning tips

Find the best time of day to do your studying and always try to do it at that time. Short regular periods of study are more effective than one long session at weekly intervals.

Aim to complete one section at each session. Make sure you understand everything by reading all the notes and referring when necessary to the Learner's Guide.

Make sure that you remember how to pronounce **ci, ce, ch, ge,** *and* **gi** *by highlighting them in your book.*

Do you want to learn more?

Do you have access to Italian-language newspapers or magazines? If so, turn to the foreign news section, and see how many country names you are able to recognize. If you don't have access to Italian-language publications, the Italian Consulates or the National Tourist Office may be able to help you.

Unit 2 concentrates on talking about what you do. When you have completed the unit, you will be able to:

- talk about your job and say how long you have been doing it
- talk about what you do if you are not employed
- talk about where you work

Faccio l'insegnante 2

Word Bank

l'anno	*year*	lavoro	*I work*
l'avvocato	*lawyer*	il lavoro	*work/job*
la ditta	*firm*	lavora	*you work, he/she works*
fa	*you do, he/she does*	il meccanico	*mechanic*
faccio	*I do*	il medico	*doctor*
il giorno	*day*	il mese	*month*
l'idraulico	*plumber*	la parrucchiera/ il parrucchiere	*hairstylist*
l'impiegato	*office worker*	la ragioniera (f.)	*accountant*
l'infermiere/a	*nurse*	lo scultore	*sculptor*
l'ingegnere (m.)	*engineer*	la settimana	*week*
l'insegnante (m. o f.)	*high school schoolteacher*	lo studente/la studentessa	*student*
interessante	*interesting*	studia	*you study, he/she studies*

Che lavoro fa?

Talking about jobs

RECORDING

1.

Max Newman is North American and works as an engineer for the Fiat company. Listen and repeat.

Sono qui per lavoro.	*I am here for work.*
Che lavoro fa?	*What do you do?*
Faccio l'ingegnere.	*I'm an engineer.*
Da quanto tempo?	*For how long?*
È interessante?	*Is it interesting?*

2.

Find the correct reply for the questions below. When you have done this, cover up the reply column and see if you can supply your own answers. Then cover up the question column and see if you can provide your own questions.

1. Che lavoro fa il signore?

2. Lavora per la Ford?

3. Da quanto tempo lavora per questa ditta?

4. È interessante il suo lavoro?

a. No, lavora per la Fiat.

b. Da dieci anni.

c. Sì, molto.

d. Fa l'ingegnere.

RECORDING

3.

Listen to the numbers 1–20 several times and repeat them in the pauses provided.

Without looking, listen to each number again and try saying the number that follows before listening to it.

1	uno	8	otto	15	quindici
2	due	9	nove	16	sedici
3	tre	10	dieci	17	diciassette
4	quattro	11	undici	18	diciotto
5	cinque	12	dodici	19	diciannove
6	sei	13	tredici	20	venti
7	sette	14	quattordici		

4.

Listen to these people talking about how long they have been doing things and then answer the questions below.

Example: Abita qui da due mesi? No, da un mese.

1. Il signore studia tedesco da quattro anni?

2. La signorina è in vacanza da una settimana?

3. La signora è a Roma da tre giorni?

4. Il signore non sta bene da un giorno?

5.

Listen and choose! Number the jobs illustrated below in the order in which you hear them.

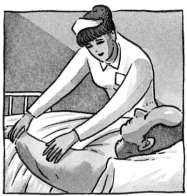

_____ **meccanico**   _____ **infermiera**   _____ **insegnante**

_____ **studente**   _____ **medico**   _____ **parrucchiera**

6. *Listen to the recording once again and decide whether you would use* **il**, **l'**, **lo**, *or* **la** *as the word for "the" (the definite article) for each profession listed.*

Your turn

You meet a colleague on a business trip and get to know a little about her. Listen to the prompts on the recording, then write down the details about the person in your diary.

DidYouKnow?

Last names were first used in Italy toward the end of the ninth century. Many last names were descriptive, based on specific characteristics and personal history. Several of these last names have remained unchanged through the centuries, and are still in use today. For example:

• names based on physical characteristics: **Moro** (dark-haired), **Biondi** (blond), **Piccolo** (small), **Alto** (tall), **Basso** (short), **Calvino** (bald).

• names drawn from trades or occupations: **Pastore** (shepherd), **Castellano** (lord of a castle), **Pellegrino** (pilgrim), **Giudici** (judge), **Pescatore** (fisherman).

• names based on a father's first name: **Di Matteo, Di Giacomo, Di Lorenzo, Di Cesare.**

• names based on a family's place of origin: **Napoletano** (from Naples), **Bolognesi** (from Bologna), **Calabrese** (from Calabria), **Lombardi** (from Lombardy).

Close up

In the Italian language, all nouns are either masculine or feminine. Generally, nouns ending in **-o** are masculine, nouns ending in **-a** are feminine, and those ending in **-e** are either masculine or feminine. It is important to note that the words for the indefinite article "the" **(il, lo, l', and la)** change accordingly:

Masculine	Feminine
il meccanico	**la** parrucchiera
lo studente	**l'**infermiera
l'ingegnere	**l'**insegnante

Use **lo** in front of masculine words beginning with **s** plus another consonant or **z: lo** studente.

Notice that **lo** and **la** become **l'** when they occur in front of a vowel: **l'**ingegnere, **l'**insegnante.

Corporations, companies, and large businesses are always feminine, such as **la Ford.**

Per lavoro means "for work," and the word **lavoro** is used as a noun. **Lavoro per...** means "I work for," and **lavoro** is used in its verb form, **lavorare,** which means "to work."

When people talk about their jobs or work, they often use **faccio** which literally means "I do":

Faccio il meccanico.	**Faccio la** parrucchiera.
Faccio l'ingegnere.	**Faccio lo** scultore.

Da can mean many things. In the conversations and dialogues you have heard, **da** is used to refer to how long someone has been doing something up to the present time:

Abito qui **da** tre mesi.   I've been living here for three months.

Sono studente

Talking about other kinds of work

Word Bank

aiuta	he/she *helps*	l'impresa	*business*
amore mio	*my love*	innamorato/a	*in love*
la casalinga	*housewife*	in proprio	*self-employed*
cercare	*to look for*	io	*I*
conquistare	*to conquer*	Mi dispiace.	*I'm sorry.*
il corso	*course*	per	*for, in order to*
il cuore	*the heart*	perchè	*because*
disoccupato/a	*unemployed*	il poeta	*poet*
disperatamente	*desperately*	lo scopo della visita	*objective of the visit*
in esilio	*in exile*	sempre	*always, still*
l'esperienza	*experience*	la storia dell'arte	*history of art*
faticoso	*tiring*	tanto	*so much, so long*
ho	*I have*	tesoro	*darling*
imparare	*to learn*	trovare	*to find*

RECORDING

1. *Mr. Martinelli is retired. and he and his wife have been on vacation for four weeks. Mr. Bellini is not so fortunate. He runs his own business and finds it hard work. Listen and repeat the dialogue.*

È da tanto.	*It's a long time.*
Sì, lo so.	*Yes, I know.*
Sono in pensione.	*I'm retired.*
Mia moglie lavora sempre.	*My wife is always working.*
Perchè sono casalinga.	*Because I am a housewife.*
Lavoro in proprio.	*I am self-employed.*
Ho una piccola impresa.	*I have a small business.*

2. *Choose and write the correct answer from the alternatives given.*

1. Il signor Martinelli è in vacanza da quattro settimane perchè
   a. è insegnante.
   b. è in pensione.

2. Sua moglie lavora sempre perchè
   a. è infermiera.
   b. è casalinga.

3. Il signor Bellini trova il suo lavoro molto faticoso perchè
   a. lavora in proprio.
   b. è avvocato.

3. *Giorgio is unemployed. He meets up with Paul in a bar in Siena. Paul is studying Italian and Art History. Listen to their conversation and repeat what they say.*

Che lavoro fai?	What type of work do you do?
Purtroppo sono disoccupato.	Unfortunately, I am unemployed.
Sono qui per cercare lavoro.	I'm here to look for work.
Che cosa studi?	What are you studying?
Per quanto tempo stai qui ?	How long are you staying here?

4. *Find the correct reply! When you have done this, cover up the reply column and see if you can supply your own answers. Then cover up the question column and see if you can provide your own questions.*

1. Che lavoro fa Giorgio?	a. È studente.
2. Da quanto tempo?	b. Purtroppo è disoccupato.
3. Che lavoro fa Paul?	c. Studia la storia dell'arte.
4. Che cosa studia?	d. Per sei mesi.
5. Per quanto tempo sta qui?	e. Da nove mesi.

Your turn

Imagine you meet a fellow student in a language course in Siena. Listen to the prompts on the recording and repeat your part.

5. *Listen to the following people and then fill in the table below. The first one is done for you.*

	Lavoro	**Esperienza**	**Scopo della visita**	**Per quanto tempo**
Paul	studente	3 anni	per imparare l'italiano	un mese
Fabrizio				
Anna Maria				

6. *Match the two columns! In the first column, you will read about a series of life situations. What would you do in each situation? Select the appropriate sentence from the second column.*

1. Sono disoccupata.

2. Sono inglese, abito in Italia da una settimana e non parlo italiano.

3. Mia moglie è in vacanza con un medico francese!

4. Sono in pensione e cerco un corso interessante.

a. Sono qui per studiare la storia dell'arte.

b. Sono qui per cercare lavoro.

c. Sono qui per parlare con l'avvocato.

d. Sono qui per imparare l' italiano.

Close-up

Per is used to talk about a period of time starting from the present:

Per quanto tempo stai qui?   *How long are you staying here?*

Sto qui **per** un anno.   *I am staying here for one year.*

If you want to say how long you have already been doing something, use **da.**

Studio italiano **da** tre anni.   *I've been studying Italian for three years.*

Notice that **per** *can also mean "in order to":*

Sono qui **per** lavorare.   *I am here (in order) to work.*

Lavoro in un ospedale

Talking about where you work

W o r d   B a n k

l'agenzia	*agency*	moltissimo	*very much*
l'ambulatorio veterinario	*veterinarian's office*	il negoziante	*shopkeeper*
animali piccoli	*small animals*	il negozio	*shop*
l'architetto	*architect*	noioso/a	*boring*
articoli sportivi	*sport's equipment*	nuovo/a	*new*
l'autofficina	*auto repair shop*	il personale	*staff*
la banca	*bank*	Le piace?	*Do you like? (formal)*
bello/a	*beautiful*	Mi piace...	*I like...*
il custode	*custodian*	prodotti omeopatici	*homeopathic products*
la fabbrica	*factory*	progressivo/a	*go ahead*
la farmacia	*drugstore*	piuttosto	*rather*
il/la farmacista	*pharmacist*	simpatico/a	*friendly*
		lo studio medico	*doctor's office*

1. *Mrs. Peroni is a hairstylist who owns her own shop. She loves her work because it is creative. However, Mr. Peroni is a custodian in a factory and finds his job boring. Listen and repeat what they say.*

2. *Find the correct reply for the questions below.*

1. Che lavoro fa la signora?
2. È noioso?
3. Che lavoro fa il signore?
4. Dove lavora?
5. È un lavoro interessante?

a. No, è creativo.
b. Fa il custode.
c. In una fabbrica.
d. Fa la parrucchiera.
e. No, è piuttosto noioso.

RECORDING

3. *Listen to the people talking about where they work and match the people to the following advertisements. The first one is done for you.*

a. _____1_____

b. _____

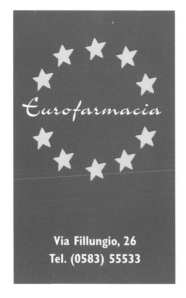

d. _____

Ambulatorio
Dr. Lucia Virgiliano

Piazza Braglia, 21A • Tel. (0858) 55.59.45

c. _____

e. _____

4. *Read! Everything is going well for Dr. Lo Monaco at the moment.*

Lavora per una ditta dinamica. Il personale è molto simpatico. Il lavoro è interessante. Abita a Siena da un mese. È una città molto bella.

A colleague asks him how he is getting on. How will he reply?

Example: Le piace la nuova ditta?   Sì, mi piace molto. È dinamica.

1. Le piace il personale?

2. Le piace il lavoro?

3. Le piace la città?

5. *Write! Look at the advertisements in Activity 3. If you met these people, what questions might you ask to elicit as much information as possible? The questions should include: What is your name? What type of work do you do? Where do you work? Write the questions down on paper. How do you think they would answer them?*

Pronunciation

1. *In Italian the stress normally falls on the last syllable, for example:* **interessante, ingegnere.** *Practice saying some of the words you have learned:*

l'impiegata   l'avvocato   l'insegnante   lo studente

americano   faticoso   settimana   vacanza

Now listen to the recording to check that you are saying them correctly.

2. *Listen to the recording and try pronouncing the following words. Note where the stress falls:*

esperienza   pensione   ragioniera   parrucchiera

What about the many words that do not follow this rule? Here are a few words that you have come across. Do you remember how to say them?

medico   meccanico   università   città   quattordici

Check your pronunciation against the recording.

Close-up

In this section you have learned an alternative way of saying what type of work you do, for example: **sono medico.** *This is an easy way to say it because you don't have to use the definite articles* **il, l', lo,** *or* **la.**

When talking about where someone works, you have to use the indefinite article, which is the word for "a" or "an." Italian has four alternative indefinite articles: **un, uno, una,** *and* **un'. Un** *is used with a masculine noun whether or not it begins with a vowel, while* **uno** *is used with a masculine noun beginning with* **s** *plus another consonant or* **z. Una** *is used with a feminine noun and* **un'** *is used with a feminine noun beginning with a vowel.*

Masculine	Feminine
un negozio	**una** banca
un ambulatorio	**un'** autofficina
uno studio	

To ask if someone likes something, say:

Le piace...?   *Do you like...?*

This literally means "is it pleasing" **(piace)** *"to you"* **(le).** *You use this when formally addressing someone.*

If you want to say "I like something," you would say **mi piace,** *which means "it is pleasing"* **(piace)** *"to me"* **(mi).**

Did You Know?

You normally address professional people by their professional title, for example: **Buon giorno, architetto** *or* **Buona sera, ingegnere.** *If you are not sure of their title use* **dottoressa,** *or* **dottore** *as a term of respect. Though feminine forms, such as* **dottoressa** *exist and are used, for some professions, it is quite common to use the masculine form when addressing a woman. In legal circles, especially, it is common to use* **avvocato** *rather than the rarely used* **avvocatessa.**

Checkpoints

Can you...?   *Yes*   *No*

- *ask what type of work someone does* ....☐ ..... ☐
  Che lavoro fa?
  Che lavoro fai?

- *tell someone what type of work you do* ....☐ ..... ☐
  Faccio l'ingegnere.
  Sono ingegnere.
  Lavoro in proprio.
  Ho una piccola impresa.
  Sono parrucchiera.

- *ask people how long they have worked at their job* ....☐ ..... ☐
  Da quanto tempo lavora per questa ditta?

- *say how long you have worked at your job* ....☐ ..... ☐
  Da dieci anni.

- *say if you are retired or unemployed* ....☐ ..... ☐
  Sono in pensione.
  Sono disoccupato/a.

- *explain reasons for working or studying* ....☐ ..... ☐
  Sono qui per lavoro.
  Sono qui per imparare l'taliano.

- *say something about your job* ....☐ ..... ☐
  Mi piace molto.
  È interessante.
  È noioso.

- *say where you work* ....☐ ..... ☐
  Lavoro in un negozio a Montale.
  Lavoro in una farmacia.
  Ho uno studio medico.
  Lavoro in una banca.

- *address professional people* ....☐ ..... ☐
  Buon giorno, avvocato.

Learning tips

It would be useful to make a note of any irregular stress patterns by underlining them as you go through the book. This would also help you to concentrate on your intonation when you are repeating the dialogues.

Do you want to learn more?

If you keep making the same mistakes in Italian, try to understand why you are doing so. For extra help, refer to the Learner's Guide.

Unit 3 focuses on family and friends. You will learn how to:

- talk about your family
- talk about whether you are single, married, divorced, widowed, or living with someone
- describe family and friends

La famiglia e gli amici

3

Word Bank

aspetta un bambino	*expecting a baby*	il maschio	*male*
celibe	*unmarried (man)*	morto	*dead*
Chi?	*Who?*	il nipote	*grandson/nephew*
che	*who, whom, which*	la nipote	*granddaughter/niece*
il cugino, la cugina	*cousin*	il nonno	*grandfather*
divorziato/a	*divorced*	la nonna	*grandmother*
da parte di mia madre	*on my mother's side*	nubile	*unmarried (woman)*
la famiglia	*family*	il padre	*father*
la femmina	*female*	più grande	*older/taller/bigger*
la figlia	*daughter*	più piccolo/a	*younger, smaller*
il figlio	*son*	Quanto?	*How much?*
il fratello	*brother*	Quanti?/Quante?	*How many?*
ha	*you have (formal), he, she, or it has*	la sorella	*sister*
hai	*you have (informal)*	il vedovo	*widower*
hanno	*they have*	la vedova	*widow*
immagino	*I imagine*	la zia	*aunt*
la madre	*mother*	lo zio	*uncle*

Sono sposato e ho un figlio

Talking about your family

RECORDING

1. *Mr. Antonelli is divorced and Mrs. Musi is a widow. Listen to them chatting about their families.*

Lei è sposato?	Are you married?
Sono divorziato.	I'm divorced.
Ha figli?	Do you have children?
Ho un figlio.	I have one son.

RECORDING

2. *Fill in the blanks with the missing information based on the dialogue you have just heard.*

Il signor Antonelli   La signora Musi

Example: non è sposato   non è sposata

1. _____   non è divorziata

2. _____   è vedova

3. ha un figlio   _____

3. *Check (√) your marital status.*

nubile _____   celibe _____   sposato/a _____ divorziato/a _____ vedovo/a _____

RECORDING

4. *Listen to the numbers 20 through 30 and repeat.*

20	venti	21	ventuno	22	ventidue	23	ventitrè
24	ventiquattro	25	venticinque	26	ventisei	27	ventisette
28	ventotto	29	ventinove	30	trenta		

Now write out the answers to the following:

Example: 30 – 5 = venticinque

1. 21 + 7 =   2. 29 – 6 =   3. 27 + 2 =   4. 22 + 8 =

5. 28 – 4 =   6. 26 – 4 =   7. 23 – 2 =   8. 25 + 1 =

> ## DidYouKnow?
>
> *When Italians wish to specify the gender of a child, instead of using the words for "son" and "daughter" (figlio/figlia), they are likely to use un maschio for a male or una femmina for a female!*

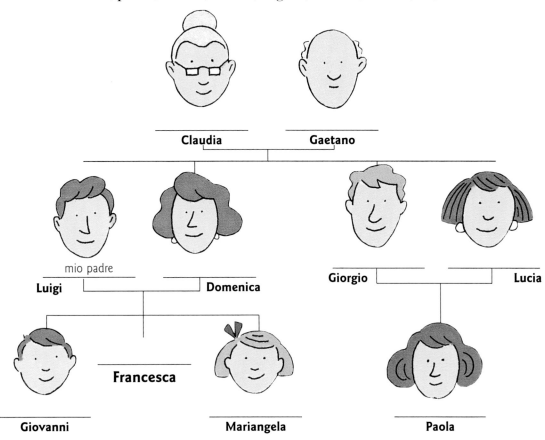

5. *Listen to Francesca talking about her family. Identify the following family members. Write them on the family tree below. The first one has already been done for you.*

madre, padre, nonno, nonna, cugina, fratello, sorella, zio, zia

Claudia   Gaetano

mio padre

Luigi   Domenica   Giorgio   Lucia

Francesca

Giovanni   Mariangela   Paola

6. *How are these people related to Francesca? Write down your answers.*

Giorgio, Claudia, Paola, Lucia, Mariangela
Example: Giorgio è suo zio.

7. *How many? Look again at Francesca's family tree and answer the following questions.*

Example: Quanti figli hanno Gaetano e Claudia?

Gaetano e Claudia hanno due figli: Domenica e Giorgio.

1. Quanti fratelli ha Domenica?

2. Quante sorelle ha Francesca?

3. Quanti nipoti hanno Gaetano e Claudia?

Close-up

To say "my," "your," "his," and "her" with a singular noun, you normally use the definite article with the possessive adjective:

My	Your (informal)	Your (formal)/His/Her
il mio avvocato	**il tuo** avvocato	**il suo** avvocato
la mia famiglia	**la tua** famiglia	**la sua** famiglia

But when talking about a close family member in the singular, you drop the definite article:

mio nonno	**tua** zia	**suo** fratello

Note that **suo fratello** can mean "your brother," (formal) "his brother," or "her brother."

Two exceptions to this rule are **mamma** and **papà:**

La mia mamma. **Il mio** papà.

To ask a friend's age, use the informal:

Quanti anni **hai?** *How old are you? (Literally "How many years do you have?")*

To ask someone formally say:

Quanti anni **ha?** *How old is he, she, or it?*

Notice how Francesca says she is fifteen:

Ho quindici anni. *I am fifteen. (Literally "I have fifteen years.")*

Sono separato e ho una nuova partner

Talking about your marital status

Word Bank

la cognata	*sister-in-law*	lei	*she*
il cognato	*brother-in-law*	lui	*he*
l'ex-moglie	*ex-wife*	miei/mie	*my (plural)*
ed	*and*	la nuora	*daughter-in-law*
il genero	*son-in-law*	separato/a	*separated*
i genitori	*parents*	la suocera	*mother-in-law*
Lei	*you (formal)*	il suocero	*father-in-law*

RECORDING

1.   **Listen to some people talking about their relationships and repeat what they say.**

Io sono separato da due anni.	*I have been separated (from my wife) for two years.*
Ho una nuova partner.	*I have a new partner.*
Sono figlio unico.	*I am an only child.*
Ha una nuova famiglia.	*He has a new family.*

2. *Listen to the recording again and use the words supplied to fill in the blanks in the following sentences.*

1. Io sono _____ da due anni, ma ho una nuova _____.
   Lei ha due _____

2. La mia _____ ha un nuovo _____. Lui ha un
   _____ di diciassette anni.

3. Sono figlio _____. I miei _____ sono _____ ma
   mio padre ha una _____ famiglia.

figli	separato	ex-moglie	figlio	partner	moglie
unico	risposata	genitori	nuova	divorziati	

3. *Mario's family situation is exactly the same as Anna's. Can you fill in the missing information for him?*

Anna	Mario
È separata.	_____
Ha un nuovo partner.	_____
Il suo ex-marito ha una nuova moglie.	_____
Lui ha una nuova famiglia.	_____

4. *Choose the appropriate word and put the correct article in front of it.*

Example: il nonno + la nonna = i nonni

1. il padre + la madre =

2. il fratello + la sorella =

3. il fratello + il fratello =

4. la sorella + la sorella =

5. il figlio + la figlia =

6. la nipote + la nipote =

7. lo zio + la zia =

8. il cugino + il cugino =

Your turn

You meet a young Italian girl and learn a little about her family. Listen to the prompts and play your part.

5. *You are talking to your friend about his family and acquaintances. Look carefully at the following words and for each one choose the appropriate phrase from the second list.*

Example: il tuo avvocato

avvocato	genitori	tuo	i tuoi
padre	cugina	il tuo	le tue
medico	ex-moglie	tua	
ragioniera	sorelle	la tua	

Close-up

The last letter of a noun changes when the word is plural and can indicate whether the noun is masculine plural or feminine plural. The word for "the" (the definite article) will also change accordingly.

Masculine Plural	Feminine Plural
i fratell**i**	**le** sorell**e**
gli ingegner**i**	**le** nipot**i**
gli zi**i**	**le** esperienz**e**

Plural Possessives

	Masculine	Example	Feminine	Example
my	i **miei**	i miei fratelli	le **mie**	le mie sorelle
your (informal)	i **tuoi**	i tuoi fratelli	le **tue**	le tue sorelle
your (formal)/his/her	i **suoi**	i suoi genitori	le **sue**	le sue cugine

Note that i suoi genitori *can mean "your parents," "his parents," or "her parents."*

Subject pronouns are only used for emphasis, as we have seen. They are:

I	**io**		
you (informal)	**tu**	*you (formal)*	**Lei**
she	**lei**	*he*	**lui**

Il marito di Marisa è molto impegnato

Describing your friends

Word Bank

affettuoso/a	*affectionate*	a scuola	*at school*
alto/a	*tall*	sempre	*still, always*
attentamente	*carefully*	sono	*I am…,They are…*
bravo/a	*good*	spesso	*often*
così	*so*	sportivo/a	*sporty*
impegnato/a	*committed, involved*	stanco/a	*tired*
indaffarato/a	*busy*	studioso/a	*studious*
intelligente	*intelligent*	tutto	*all*

1. **Listen carefully! You are in a café and overhear the conversation as an old friend meets up with Marisa and catches up on family news.**

Dimmi!	*Tell me! (informal)*
Com'è?	*What's she like?*
Ti piace, insomma.	*So all in all, you like her.*
Matteo ama sempre lo sport, immagino.	*Matteo still likes sports, I suppose.*
A scuola, sono bravi?	*Are they good at school?*

2. *Listen again and check off (✓) the following adjectives as you hear them:*

impegnato, indaffarato, stanco, bella, alta, intelligente, affettuosa, simpatica, sportivi, bravi, studiosi.

As you listen to the conversation, list which adjectives apply:

1. *to Marisa's husband*

2. *to Matteo's girlfriend*

3. *to Matteo's friends*

Now look at the lists you have made. What do you notice about the endings of the adjectives in each list?

3. *Complete the sentences below.*

1. Il marito di Marisa è _____

2. La ragazza di Matteo è _____

3. I suoi amici sono _____

4. *Look at the drawings below, and complete the sentences with adjectives from the list provided. Make sure to use the correct endings.*

1. Franco è _____

2. Rossella è _____

3. Laura e suo marito sono _____

impegnato, bello, bravo, intelligente, sportivo, studioso, affettuoso, stanco, contento

Your turn

You are staying with an Italian family as a paying guest while studying at a language school. Listen to the prompts and describe the family to your classmates.

Pronunciation

1. *First try repeating these words after the recording:*

gli	**gli Italiani**	**gli ingegneri**
gli studenti	**gli insegnanti**	

2. *Here are some sentences for you to get your tongue around:*

a. In generale gli Italiani sono bravi ingegneri.
b. Gli studenti sono studiosi se gli insegnanti sono bravi.
c. Gli avvocati sono spesso stanchi perchè sono molto impegnati.

3. *And finally* **uno scioglilingua** *— a tongue twister:*

**La moglie del figlio di mia figlia ha otto figli.
Quanti figli in famiglia!**

Close up

In the Italian language, the endings of adjectives change in addition to the article and noun endings:

	Singular	Plural
Masculine:	Giovanni è divorziat**o**.	I miei genitori sono divorziat**i**.
Feminine:	Anna è separat**a**.	Le mie sorelle sono separat**e**.
Masc./Fem.:	Lilia è intelligent**e**.	Le studentesse sono intelligent**i**.
	Paolo è intelligent**e**.	Gli studenti sono intelligent**i**.

If you ask a friend "Do you like?, use the informal **Ti piace?***, which literally means "Is it pleasing* **(piace)** *to you* **(ti)***?"*

Checkpoints

Can you . . . ?   **Yes**   **No**

- *ask if someone is married* . . . . ☐ . . . . . . ☐
  Lei è sposato/a?

- *describe your own marital status* . . . . ☐ . . . . . . ☐
  Sono sposato/a.
  Sono vedovo/a.
  Sono divorziato/a.
  Sono separato/a.

- *say you have a new partner* . . . . ☐ . . . . . ☐
  Ho un nuovo partner/una nuova partner.

- *ask about someone's family* . . . . ☐ . . . . . ☐
  Ha figli?
  Quanti figli ha?
  Hai fratelli?

- *talk about members of your close family* . . . . ☐ . . . . . ☐
  Ho due figli, un maschio e una femmina.
  Sono figlio unico.
  Ho un fratello ed una sorella.
  I miei genitori sono divorziati.

- *ask someone's age* . . . . ☐ . . . . . ☐
  Quanti anni hai?
  Quanti anni ha?

- *tell how old you are* . . . . ☐ . . . . . ☐
  Ho ventun anni.

- *describe your family and friends* . . . . ☐ . . . . . ☐
  La ragazza di Matteo è bella.
  Il marito di Marisa è molto impegnato.
  Paolo e il suo papà sono intelligenti.

Learning tips

It is a good idea to go back over past units from time to time. Language learning is a much slower process than many people realize. Do not push yourself. Go over things as often as you need.

Do you want to learn more?

Be selective about the vocabulary you learn. First, learn those items that will be of use to you personally, then read through the rest several times so that the words become part of your passive vocabulary.

Unit 4 is about ordering snacks and drinks, and buying things in shops. When you have completed the unit, you will be able to:

- request and offer something to eat or drink
- accept politely, or refuse, giving an excuse
- ask about prices and buy simple items

Qualcosa da mangiare o da bere?

4

Word Bank

l'aranciata	a *carbonated orange drink*	l'insalata	*salad*
		l'insalata russa	*Russian salad*
basta	*That's all./ That's enough.*	nient'altro	*nothing else*
bianco	white	il panino	*roll (with ham, cheese, and so on)*
il bicchiere	*glass*	la pasta	*pasta*
la birra	*beer*	la pizzetta	*small pizza*
il caffè	*coffee*	Prende...	*You take..., He/She/It takes...*
la ciambella	*doughnut*		
il cioccolato	*chocolate*	il prosciutto	*ham*
il conto	*bill*	la spremuta d'arancia	*freshly squeezed orange juice*
il cornetto	*croissant*		
così	*like that*	il tè	*tea*
ecco	*here is/ here it is*	la vaniglia	*vanilla*
il formaggio	*cheese*	il vino	*wine*
la fragola	*strawberry*	Vorrei...	*I would like...*
il gelato	*ice cream*	Vuole...	*You want/He/She wants...*
il gusto	*flavor*		

Vorrei una birra e un panino

Ordering something to eat or drink

1.   *A mother and daughter are sitting at an outdoor café and the waiter comes to take their order. How do they order what they want? Listen and repeat what each one orders.*

Che cosa prende?	What will you have?
Vorrei una spremuta d'arancia.	I'd like a freshly squeezed orange juice.
Come vuole il panino?	How would you like your roll?
Nient'altro?	Anything else?
Basta così.	That's enough.
Quant'è?	How much is it?

2.   *Listen to some people ordering refreshments at a busy bar. When you hear someone order any of the items listed on the menu write down how many they order.*

Desidera?	What would you like?
Prego, signora?	Yes, madam?/Can I help you?
Che gusto?	What flavor?

AL BAR

birra	3000
whisky	5000
martini	3500
gelati	2000
gusti:	
cioccolato	1750
fragola	2500
pistacchio	2000
vaniglia	2000
aranciata	1500
cappuccino	2000
caffè	1300
tè	1500
coca-cola	2000
vino bianco	2500
vino rosso	2500
paste	2000
ciambella	1500
pizzette	2000
panini	2500

3. *Are you sure how to order different quantities?*
Fill in the blanks in the columns below.

	1	2
1.	una birra	_____
2.	_____	due Coca-Cola
3.	un'aranciata	_____
4.	_____	due caffè
5.	un gelato	_____
6.	_____	due spremute
7.	una ciambella	_____
8.	_____	due panini

RECORDING

4. *Listen to some waiters asking people for their*
orders. There are six recorded examples. Which
ones might have been directed at you personally?
You have to be very quick to pick them up.

RECORDING

5. *We will have to find out the total of the bill.*
Before we do that let's have another look at
numbers. Let's start with the tens from forty
to ninety:

40	quaranta	50	cinquanta	60	sessanta
70	settanta	80	ottanta	90	novanta

and now the hundreds:

100	cento	200	duecento	300	trecento
400	quattrocento	500	cinquecento	600	seicento
700	settecento	800	ottocento	900	novecento

and the thousands:

1000	mille	2000	duemila
3000	tremila	4000	quattromila

Can you go on? I hope so because we haven't even reached
the price of a coffee yet!

6.

Listen to the cashier asking you for the amount of your bill. Number the bills in the order in which you hear the amounts.

a. Cassa _____ 5.400   b. Cassa _____ 7.300   c. Cassa _____ 9.200

d. Cassa _____ 2.800   e. Cassa _____ 6.100

Close up

Prendo *means "I take," from the verb* **prendere**. *Verbs which end in* **-ere** *follow a slightly different pattern from those ending in* **-are**. *Drop the* **-ere** *and add the appropriate ending as follows:*

I	*add* **-o**	*prendo*
you (informal)	*add* **-i**	*prendi*
you (formal), he/she/it	*add* **-e**	*prende*

Vuole...? *and* **Desidera...?** *are ways of saying "Would you like...?"* **Vuole** *comes from the irregular verb* **volere**.

Notice that nouns with an accent on the final letter or foreign nouns that end in a consonant, do not change in the plural: **un tè, due tè, un bar,** *and* **due bar.**

With thirty-one and thirty-eight, the final **a** *on* **trenta** *is dropped to give* **trentuno** *and* **trentotto**. *This is because the letter that follows is a vowel. The same rule applies to all the tens:* **quaranta**, **quarantuno**, *and* **quarantotto**.

Vorrei *means "I would like" and you will need to use it often. It can be used with a noun or with a verb:*

Vorrei *un gelato.*	*I would like an ice cream.*
Vorrei *prendere un tè.*	*I would like to have a tea.*

Prego *literally means "I pray," and it is used in different circumstances and with differing intonations to mean different things. Here are some of the main uses of* **prego**:

Prego?	*to attract someone's attention when you need them to repeat what was said*
Prego!	*when allowing someone to pass in front of you (in a waiting line)*
	in response to someone saying "Thank you," as we might say "Don't mention it."

Offro io!

Offering something to eat or drink

Word Bank

l'amaro	*a popular, bitter-tasting liqueur*	la pera	*pear*
analcolico	*nonalcoholic*	il pompelmo	*grapefruit*
bere	*to drink*	preferisco	*I prefer*
con	*with*	prendete	*you take (plural)*
il ghiaccio	*ice*	qualcosa	*something*
Ho fame.	*I am hungry.*	rosso/a	*red*
Ho sete.	*I am thirsty.*	senza	*without*
il latte	*milk*	il succo di frutta	*fruit juice*
il limone	*lemon*	volentieri	*willingly*
mangiare	*to eat*	vuoi	*you want (informal)*
offro	*I am offering*	lo zucchero	*sugar*

1. **Giuseppe is in a bar with his friends, buying a round of drinks. Finally he asks you what you would like. Decide what drinks you would like to have.**

Offro io.	*I'm paying.*
Che cosa prendete?	*What are you having? (plural)*
Con ghiaccio?	*With ice?*
No, grazie, senza.	*No thanks, without.*
Io preferisco qualcosa di analcolico.	*I'd prefer something nonalcoholic.*
Per me un bicchiere di vino bianco.	*For me a glass of white wine.*

RECORDING

2.

If you were Giuseppe would you remember everything when you had to order the drinks? Write a list of what people want. Then listen to the recording again to check that you remembered everything correctly.

RECORDING

3.

It's your turn to buy a round of drinks for some Italian friends at your hotel. How will you give your order?

It's on me. What are you having?

What are you having, Antonietta?

And for you, Paolo?

RECORDING

Listen to the recording to check your answers.

4.

Graziella visits Serena at her home and is offered something to drink and eat. Listen and then repeat what each one says.

Che cosa vuoi da bere?	*What would you like to drink?*
Ho sete.	*I am thirsty.*
Al latte o al limone?	*With milk or lemon?*
Vuoi qualcosa da mangiare?	*Would you like something to eat?*
No, grazie, non ho fame.	*No, thank you, I'm not hungry.*

5. *You overhear some people offering friends drinks in a bar. Listen to each bit of conversation carefully and check (✓) whether each person is speaking to just one person or to more than one person. Then listen again and check (✓) whether the person in each case is a friend or an acquaintance. The first one is done for you.*

	One	More than one	Friend	Acquaintance
1.	✓		✓	
2.				
3.				
4.				
5.				

Close-up

Che cosa prendete? *This means literally "What will you take?" and the ending **-ete** indicates that you are talking to more than one person. Take the **-ere** ending off the verb **prendere**, "to take" and add **-ete** to give the plural form for "you." All regular verbs ending in **-ere** will follow this pattern.*

Preferisco *means "I prefer." The verb "to prefer" is **preferire**. To say "I prefer," drop the **-ire** ending and add **-isco**. Not all verbs ending in **-ire** follow this pattern.*

Vuoi *means "you want" (informal). For more details on this verb consult the Learner's Guide.*

Avete una guida in inglese?

Asking for an item at a store

Word Bank

Avete?	*Do you have? (plural)*	il francobollo	*stamp*
il Brasile	*Brazil*	la Germania	*Germany*
il Canada	*Canada*	gratuito/a	*free, gratis*
la cartolina	*postcard*	la guida	*guidebook*
la Cina	*China*	il Messico	*Mexico*
Compra...	*You (formal) buy...* *He/She buys...*	una piantina della città	*a street map of the town*
compri	*you buy (informal)*	quello/a	*that, that one*
costa	*it costs*	gli Stati Uniti	*the United States*
costano	*they cost*		

1. ***You are at a tourist information center and there are a few things you need to buy. Listen and repeat.***

Avete una guida?	*Have you got a guidebook?*
Quanto costa?	*How much does it cost?*
Quanto costano questi poster?	*How much do these posters cost?*
Mi può dare una piantina della città?	*Can you give me a street map?*
Non compri cartoline?	*Aren't you buying postcards?*
Dieci francobolli per gli Stati Uniti.	*Ten stamps for the United States.*

2.

Listen again to the conversation and decide whether the following statements are true or false.

1. La signora vuole una guida in inglese.

2. Prende un piccolo poster.

3. Compra cinque cartoline.

4. Compra dieci francobolli per la Gran Bretagna.

5. Costa 32.000 in tutto.

3.

There are several ways of asking for things. Listen to these people asking for what they want, and match the number of the sentence with the corresponding illustration. Then look at the illustrations and ask for the various items in as many ways as possible.

Example: Vorrei un poster. Mi può dare questo poster?
Prendo un poster. Questo poster, per favore.

a. _____ b. _____

c. _____ d. _____

4. *Which would you use to ask the price of the following items:* **Quanto costa?** *or* **Quanto costano?**

Example: le cartoline   Quanto costano le cartoline?

1. la guida   2. i poster   3. i francobolli   4. la piantina

Pronunciation

1. *Longer phrases are sometimes difficult to say, so let's take a look at a few and practice them.*

una spremuta d' arancia; un panino al formaggio; qualcosa di analcolico; un bicchiere di vino bianco; un Martini con ghiaccio; un tè con latte; un tè al latte; una guida in inglese; un francobollo per gli Stati Uniti; una piantina della città

2. *And now let's try this tongue twister:*

Cinque bicchieri di vino bianco con cinque gelati al cioccolato costano quindicimila lire.

Close-up

When you want to ask the price of something, remember to think about whether there are one or more items:

Quanto costa?	*How much does it cost?*	*(for one item)*
Quanto costano?	*How much do they cost?*	*(for more than one item)*
Mi può dare...?	*Is a polite expression meaning "Can you give me ...?"*	

Notice how the names of countries are said:

gli Stati Uniti	*the United States*
la Gran Bretagna	*Great Britain*
il Messico	*Mexico*

Don't forget that in Italian you must use the definite article "the" with the name of a country.

Checkpoints

Can you . . . ?   **Yes**   **No**

- *say what you would like* . . . . ❑ . . . . . . ❑
  Vorrei un panino al formaggio.
  Prendo un bicchiere di vino bianco.

- *say how you would like it* . . . . ❑ . . . . . . ❑
  Con ghiaccio.

- *say that that is enough* . . . . ❑ . . . . . . ❑
  Basta così.

- *ask how much something costs* . . . . ❑ . . . . . . ❑
  Quant'è?
  Quanto costa?
  Quanto costano?

- *say "the drinks are on me"* . . . . ❑ . . . . . . ❑
  Offro io.

- *offer drinks to others* . . . . ❑ . . . . . . ❑
  Che cosa prende?
  Che cosa prendete?
  Che cosa vuoi da bere?

- *understand prices* . . . . ❑ . . . . . . ❑
  Settemilacinquecento.

- *accept politely* . . . . ❑ . . . . . . ❑
  Prendo volentieri un tè.

- *refuse and give a reason* . . . . ❑ . . . . . . ❑
  No, grazie, non ho fame.

- *ask for a specific item* . . . . ❑ . . . . . . ❑
  Avete una guida in inglese?
  Mi può dare una piantina della città?

- *choose what you want* . . . . ❑ . . . . . . ❑
  Prendo quello grande.
  Questo poster, per favore.

Learning tips

When you study verbs, learn the regular pattern. You will find more information in the Grammar section of the Learner's Guide. That way you can apply the rule to other regular verbs you come across or look up the verbs in the dictionary. A small dictionary with a list of irregular verbs is always useful.

Do you want to learn more?

Use your free time to practice what you have learned. When doing chores, try to remember all the things you have covered in your study sessions. Don't worry if committing things to memory seems a long process. It is difficult for most people.

Unit 5 is about finding your way around. You will learn how to:

- ask for and understand simple directions
- attract someone's attention
- ask for clarification or repetition
- ask about opening and closing hours

Direzioni

5

Word Bank

allora	*well*	a piedi	*on foot*
la buca delle lettere	*mailbox*	la posta	*post office*
la cabina telefonica	*telephone booth*	Prego!	*Don't mention it!*
c'è	*there is*	Prenda!	*Take!*
certo	*of course*	primo/a	*first*
il Colosseo	*the Colosseum*	proprio	*just*
continuare	*to continue*	quarto/a	*fourth*
il corso	*boulevard*	il ristorante	*restaurant*
a destra	*on the right*	scusi	*excuse me*
dritto	*straight ahead*	secondo/a	*second*
il duomo	*cathedral*	a sinistra	*on the left*
la fermata (dell'autobus)	*bus stop*	la strada	*street*
la galleria d'arte	*art gallery*	il supermercato	*supermarket*
girare	*to turn*	terzo/a	*third*
lì	*there*	si trova	*it is situated*
lontano	*far*	la via	*street*
il museo	*museum*	il viale	*avenue*
la piazza	*square*		

C'è un buon ristorante qui vicino?

Asking for directions

RECORDING

1. *Listen as this man finds out if there is a good restaurant nearby. Then repeat the dialogue.*

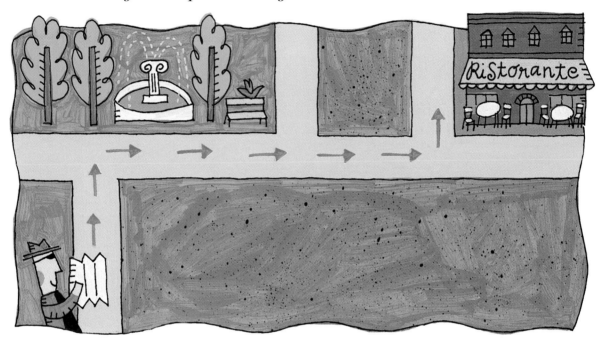

Scusi.	*Excuse me.*
C'è un buon ristorante qui vicino?	*Is there a good restaurant near here?*
Ce n'è uno...	*There is one...*
Dove si trova?	*Where is it situated?*
Prenda la prima strada a destra.	*Take the first street on the right.*
È lontano?	*Is it far?*
A cinque minuti a piedi.	*Five minutes on foot.*

RECORDING

2. *Study the directions given on the street map above. How would you say:*

1. *the second on the right?*
2. *the first on the left?*
3. *the fourth on the left?*
4. *the third on the right?*
5. *on the right hand side?*
6. *on the left hand side?*

Now listen to the recording to check your answers.

3. *Some people are trying to find out where certain places are located. Listen to the directions and identify the numbered sites on the street plan below.*

la farmacia   il supermercato   la banca
la cabina telefonica   la buca delle lettere

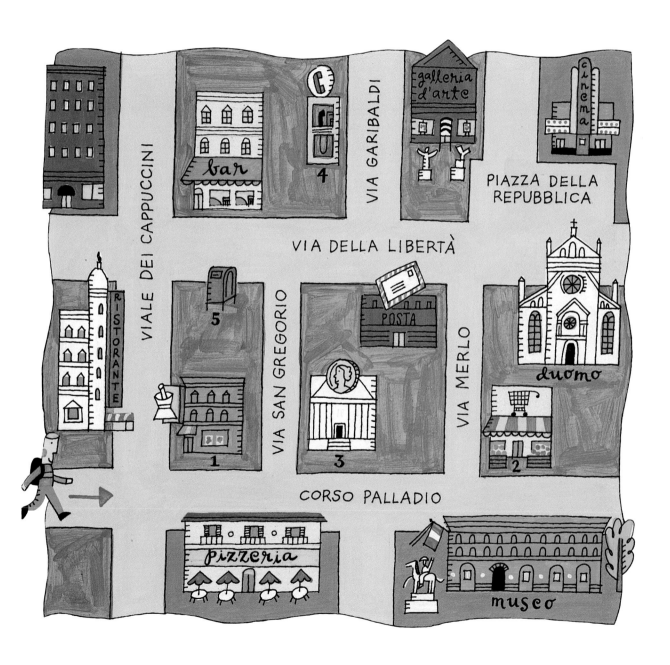

4. *Listen to the people asking the hotel receptionist how to get to various places. In English write down where each person is going.*

5. *Which would you use in the following circumstances:*
dov'è...? *or* **c'è... qui vicino?**

1. il duomo
2. il museo
3. una farmacia
4. la galleria d'arte
5. un bar
6. un cinema

6. *Reorder these distances from shortest to longest.*

1. è a cinque minuti a piedi
2. è a centocinquanta metri
3. è a dieci minuti in autobus
4. è a trecento chilometri
5. è proprio qui davanti
6. è a trenta minuti in macchina

Close up

ci	there
è	is
c'è	there is (**ci** becomes **c'** before a vowel)
ne	of them (**ne** becomes **n'** before a vowel)
ce n'è uno	there is one of them (**ci** becomes **ce** when followed by **ne**).

C'è una farmacia qui vicino?   Sì, **ce n'è una** in Via Garibaldi.

Note that because **farmacia** *is feminine,* **una** *is also feminine.*

Dove? — Where?

Dov'è? *Where is...?* **Dove** *becomes* **dov'** *before a vowel.*

Dove si trova *is an alternative way of asking where a specific place is located.*

Dove si trova il museo?

Per andare a Taormina?

Giving information about places in the city

Word Bank

accanto a	*next to*	partire	*to leave*
andare	*to go*	passare	*to spend*
andiamo	*we are going*	più	*more*
Buon viaggio!	*Have a good journey!*	poi	*then*
davanti a	*in front*	il pomeriggio	*afternoon*
dietro	*behind*	prenotare	*to book*
di fronte a	*opposite*	presto	*early*
dopo	*after*	Può...?	*Can you...?*
facile	*easy*	Quando...?	*When...?*
il Foro Romano	*the Roman Forum*	ripetere	*to repeat*
grazie mille	*many thanks*	San Pietro	*Saint Peter*
l'incrocio	*crossroads*	segnalato/a	*signposted*
indietro	*back*	il semaforo	*traffic lights*
in fondo a	*at the end of*	la tomba	*tomb*
invece	*on the other hand*	l'ufficio degli scavi	*archaeological excavations' office*
lentamente	*slowly*	vado	*I am going, I go*
la mattina	*morning, in the morning*	la visita	*visit*

1. **A young woman has rented a car and is traveling to see the famous Greco-Roman theater at Taormina, but unfortunately she has become lost.**

Per andare a Taormina?	*How do I get to Taormina?*
Ha sbagliato strada.	*You've got the wrong road.*
Torni indietro.	*Go back.*
Giri a destra.	*Turn right.*
Può ripetere più lentamente?	*Can you say it again more slowly?*
La strada per Taormina è segnalata.	*The road for Taormina is signposted.*

2. *You just can't get anything right today!*
How would you say you've got these things wrong:

Example: *I've got the wrong name!* Ho sbagliato nome.

1. *I've got the wrong street!*

2. *I've got the wrong square!*

3. *I've got the wrong town!*

4. *I've got the wrong number!*

5. *I've got the wrong hotel!*

Better luck tomorrow!

RECORDING

3. *Listen to the recorded commands and write them down in English.*

RECORDING

4. *Listen to some people getting information from the hotel receptionist about where things are located. Repeat the conversation.*

Dove andate oggi?	*Where are you (plural) going today?*
C'è un autobus?	*Is there a bus?*
La fermata è di fronte all'albergo.	*The bus stop is opposite the hotel.*
È proprio qui dietro l'albergo.	*It's just here, behind the hotel.*
Io parto, purtroppo.	*Unfortunately, I'm leaving.*

DidYouKnow?

It was only after the unification of Italy in the 1860s that the Italian language, based on the Tuscan dialect, emerged as the national language of Italy. Until then, people spoke in their own regional dialects which are still much in evidence today. Despite the fact that Italian was taught in schools, it was only with the onset of radio and television that more and more people began to speak it. Like all languages it is continually changing, and you will find that people have a tendency to simplify things. For example, you will often hear **"davanti l'albergo"** *instead of* **"davanti all'albergo."**

5. *Look at the map below and complete the following sentences using the words supplied to explain exactly where the different buildings are located.*

dietro   davanti   accanto   di fronte   in fondo

1. Il museo è _____.

2. La fermata è _____.

3. La galleria d'arte è _____.

4. La posta è _____.

5. I negozi principali sono

_____.

6. *An Italian friend has planned a day out in Rome for both of you tomorrow and leaves you a note at your hotel to remind you. Fill in the blanks with the appropriate form of* **a: al, all', alla.**

Domani andiamo a Roma, va bene? Arriviamo ____ stazione Termini e da lì prendiamo la metropolitana per andare ____ Colosseo. Poi per andare____ Foro Romano non è lontano. Il pomeriggio, andiamo ____ Basilica di San Pietro. Passiamo tutto il pomeriggio lì perchè è molto interessante. Dopo, andiamo ____ ufficio degli scavi che si trova al Vaticano per prenotare una visita ____ tomba di San Pietro. A domani. Ciao, Ina.

7. *Supply the correct form of "we" of the verb given in parentheses:*

Example: (andare) a Pisa oggi.   Andiamo a Pisa oggi.

1. (preferire) la birra tedesca.

2. La mattina presto (prendere) un caffè.

3. Quando (arrivare) alla stazione Termini?

4. (visitare) la Basilica di San Pietro questo pomeriggio.

Torni, giri, continui, and **prenda,** are all formal commands. For the moment all you have to do is to recognize what they mean and that is quite simple.

Può means "you can" or "can you?" (formal) and it can be used with any verb you find in the dictionary.

Può ripetere?	Can you repeat?

A means "to," "at," or "in":

Vado **a** Roma.	I'm going to Rome.
Resto **a** casa.	I'm staying at home.
Abito **a** Milano.	I live in Milan.

Let's look at how you say "to the" or "at the."

a + il = al	**al** Foro Romano
a + l' = all'	**all'**incrocio
a + la = alla	**alla** Basilica di San Pietro

The following phrases are all used with the Italian preposition **a** and change in the same way:

davanti a	in front of	davanti **all'**albergo
di fronte a	opposite	di fronte **all'**ufficio postale
in fondo a	at the end of	in fondo **alla** strada
accanto a	next to	accanto **al** cinema
dietro a	behind	dietro **alla** stazione

You will probably hear people say **"davanti l'albergo"** in colloquial use. Note however that "to/into the center" is **in centro.**

andare to go	**vado** I go	**andate** you (plural) go

If you drop the last three letters of most verbs ending in **-are** and add **-ate**, this is the form you will use when talking to more than one person:

arriv**are** arriv + **ate**	arriv**ate** you (plural) arrive

Andiamo means "we go" or "we are going." To use "we" with a verb, drop the last three letters and add **-iamo**:

compr**are**, compr**iamo**   prend**ere**, prend**iamo**   prefer**ire**, prefer**iamo**

Signori is used to formally address two or more people, so it takes the third person plural form of **vanno.**

Signori, dove **vanno**?

A che ora apre?

Asking about opening and closing hours

W o r d   B a n k

aperto/a	*open*	giorni festivi	*public holidays including Sunday*
aprire	*to open*	Meno male!	*Thank goodness!*
Che peccato!	*What a pity!*	però	*however*
chiudere	*to close*	possibile	*possible*
chiuso/a	*closed*	quasi	*almost*
fare spese	*to shop*	la stagione	*season*
giorni feriali	*working days*		

1. **Two friends meet for a visit around Rome. Repeat what each one says.**

Chiude alle quattordici in questa stagione.	*It closes at 2:00 P.M. this time of year.*
Che peccato!	*What a pity!*
C'è tanto da vedere.	*There's so much to see.*
Meno male!	*Thank goodness for that!*

2. **Listen to the dialogue again and answer the questions.**

1. Perchè non è possibile andare al Vaticano questo pomeriggio?

2. Quasi tutti i musei sono chiusi il pomeriggio?

3. A che ora aprono i negozi?

4. A che ora chiudono?

5. Sono aperti tutto il giorno?

3. *Listen to the recorded messages about opening and closing times and write down the information.*

	la mattina	la sera
	apre	chiude
il museo		
la galleria		
il negozio		
la banca		

4. *Listen to the recording and repeat the days of the week starting with Monday:*

lunedì, martedì, mercoledì, giovedì, venerdì, sabato, domenica

5. *Alberto is in Rome on business for an entire week. He is trying to fit as many activities as he can into his schedule. Help him out by organizing his* **tempo libero** *(free time). He is free every day from 12:00 P.M. to 2:00 P.M., 4:00 P.M. to 5:00 P.M., and 8:00 P.M. to 11:00 P.M. On Sunday, he is free the entire day. (Note that Italians use a comma instead of a colon to separate the hours from the minutes). The first one is already done for you.*

Attività possibili: a San Pietro, al Colosseo, a Fontana di Trevi, a fare spese, in discoteca, a villa Borghese, al museo Borghese, ecc.

1. lunedì dalle 12,00 alle 2,00 al ristorante "Da Gigi"

_____   _____   _____

2. _____   _____   _____

3. _____   _____   _____

4. _____   _____   _____

5. _____   _____   _____

6. _____   _____   _____

7. _____   _____   _____

Pronunciation

1. *Repeat these double vowel sounds.*

può; più; vuole; vuoi; autobus; Paolo; Pietro; questo; quattordici; quarto; cinque; farmacia; pronuncia; piazza; museo

2. *Listen to the following sentences and then repeat them.*

1. Questo autobus va in Piazza San Paolo dove c'è una farmacia.
2. Può ripetere più lentamente per piacere?

Close up

Look at how you use a verb with "they."

For verbs ending in **-ere** *and for many verbs ending in* **-ire,** *you drop the last three letters of the verb and add the ending* **-ono.**

| Chiud**ono**... | They close... |
| Apr**ono**... | They open... |

For verbs ending in **-are,** *drop the last three letters and add* **-ano.**

| Arriv**ano**... | They arrive... |

If a shop closes at one, you say **"chiude alle tredici,"** *but if it is closed from one to four, you say* **"è chiuso dalle tredici alle sedici."**

A che ora? *At what time?*   **Alle otto.** *At eight.*

The twenty-four hour clock is used for official timetables.

8,00	**alle otto**	8,45	**alle otto e quarantacinque**
8,15	**alle otto e quindici**	0,05	**alle zero e cinque**
8,30	**alle otto e trenta**	1,50	**all'una e cinquanta**

Checkpoints

Can you...?	Yes	No

- **ask if there is a good restaurant near here** .... ❏ ...... ❏
  C'è un buon ristorante qui vicino?

- **ask where a place is located** .... ❏ ...... ❏
  Dov'è il museo nazionale?
  Dove si trova la farmacia?

- **understand directions** .... ❏ ...... ❏
  La prima a destra, la terza a sinistra, dritto.

- **understand precise directions** .... ❏ ...... ❏
  All'incrocio giri a destra.
  Davanti all'albergo.

- **ask if it's far** .... ❏ ...... ❏
  È lontano?

- **understand how far it is** .... ❏ ...... ❏
  È a cinquanta metri.

- **understand how long it will take** .... ❏ ...... ❏
  È a cinque minuti.

- **say you've got the wrong road** .... ❏ ...... ❏
  Ho sbagliato strada.

- **ask someone to repeat more slowly** .... ❏ ...... ❏
  Può ripetere più lentamente?

- **understand commands** .... ❏ ...... ❏
  Prenda!
  Giri!
  Torni indietro!

- **say what you and your friends are doing** .... ❏ ...... ❏
  Andiamo in centro.
  Prendiamo un caffè.

- **ask about opening and closing times** .... ❏ ...... ❏
  A che ora apre la banca?
  A che ora chiudono i negozi?

- *understand the twenty-four hour clock*. . . . . ☐ . . . . . . ☐
  Alle diciotto e venti.

- *say the days of the week* . . . . ☐ . . . . . . ☐
  Lunedì, martedì, mercoledì, giovedì, venerdì, sabato e domenica.

Learning tips

It is a good idea to record yourself repeating dialogues so that you can compare your efforts with the pronunciation of the Italian speakers.

Do you want to learn more?

Use the text as imaginatively as possible, for example, using the map on page 63 as a guide, you could draw a map of your own town center and give directions to an Italian tourist. Or you could write down the opening and closing times of shops, banks, and post offices in your own area.

Unit **6** is all about making small talk. When you have completed the unit you will have learned how to:

- talk about your daily routine and ask someone about theirs
- talk about your hobbies and ask someone about theirs
- talk about the weather

La routine giornaliera 6

Word Bank

a casa	*at home*	fare colazione	*to have breakfast*
A che ora?	*At what time?*	fino a	*until*
a letto	*to bed*	guardare	*to watch*
alzarsi	*to get up*	il liceo classico	*classical high school*
ascoltare	*to listen to*	in macchina	*by car*
cenare	*to have supper*	il pranzo	*lunch*
comodo	*convenient*	rilassarsi	*to relax*
delle volte	*sometimes*	svegliarsi	*to wake up*
di solito	*usually*	il tempo	*time*
durante	*during*	tornare	*to return*
Esce?	*Do you go out? (formal)*	l'ufficio	*office*
		verso	*about*

A che ora si alza?

Talking about your daily routine

RECORDING

1. **Listen to Mr. Rossi answering some questions about his daily routine.**

A che ora si sveglia?	*At what time do you wake up?*
Fa colazione?	*Do you have breakfast?*
La domenica c'è più tempo.	*On Sundays, there is more time.*
Va al lavoro in macchina?	*Do you go to work by car?*
Arrivo in ufficio alle otto e un quarto.	*I arrive at the office at a quarter past eight.*
Torno a casa e mi rilasso.	*I return home and relax.*

RECORDING

2. **Listen to the dialogue again and fill in the timetable of: a. *signor Rossi's day;* b. *your own day;* c. *you and your partner's day.***

	Si sveglia e si alza	Mi sveglio e mi alzo	Ci svegliamo e ci alziamo
7,00			
7,45			
8,15			
13,30			
15,00			
19,00			
20,00			

3. **You meet Mrs. Ragusa, a teacher, and her daughter Silvia and would like to find out about their daily routine. Supply the missing questions.**

Signora Ragusa	Silvia
1. A che ora si sveglia?	_____
2. _____	Quando fai colazione?
3. A che ora esce di casa?	_____
4. _____	Vai a scuola in macchina?
5. A che ora arriva a scuola?	_____

4. *Listen to the head teacher of a school talking about his typical day. Can you fill in the blanks?*

Io _____ il preside di un liceo classico. La mattina _____ presto verso le sei. _____ un caffè e _____ lentamente. Non _____ colazione. _____ e _____ di casa alle otto meno venti e _____ a scuola a piedi perchè è qui vicino. _____ il lavoro alle otto. C'è sempre molto da fare. _____ il lavoro all'una e mezzo e _____ a casa. Con mia moglie _____ il pranzo e _____ verso le due e mezzo. Il pomeriggio _____ un po'. _____ il giornale o un libro o _____ la televisione. Quando c'è una riunione _____ a scuola alle quattro. Altrimenti _____ al computer per un po'. Delle volte la sera _____ con gli amici o qualche volta _____ a teatro o ad un concerto.

Your turn

Now tell us something about yourself.

1. Che lavoro fa?
2. A che ora si alza la mattina?
3. Quando esce di casa?

4. Come va al lavoro?
5. A che ora torna a casa?
6. Che cosa fa la sera?

Close-up

The twelve-hour clock follows the same basic principle as the twenty-four-hour clock, but you will need to know how to say the following:

24-hour Clock	12-hour Clock
at 12,00	a mezzogiorno
at 24,00	a mezzanotte
at 7,15	alle sette e un quarto
at 15,30	alle tre e mezzo
at 17,45	alle sei meno un quarto

Si sveglia, *from the infinitive* **svegliarsi,** *meaning "to wake up," and* **si alza** (**alzarsi,** *"to get up") follow the same pattern as* **chiamarsi**.

Che cosa le piace fare il weekend?

Talking about weekend activities

Word Bank

andare a cavallo	*to go on horseback*	la neve	*snow*
l'autunno	*autumn*	nuotare	*to swim*
cantare	*to sing*	qualche	*some*
il coro	*choir*	qualche volta	*sometimes*
l'estate (f.)	*summer*	la pallacanestro	*basketball*
frequentare	*to attend, frequent*	la primavera	*spring*
giocare	*to play*	sciare	*to ski*
l'inverno	*winter*	suonare	*to play (a musical instrument)*
leggere	*to read*		
il mare	*sea*	viaggiare	*to travel*
la montagna	*mountain*	la volta	*time, occasion*

1. ***Marcello and Nadia are talking about what they like to do on weekends. Repeat the dialogue.***

Il sabato sera vado al cinema.	*On Saturday evenings I go to the movies.*
Che cosa fate?	*What do you do?*
Se c'è neve, andiamo in montagna.	*If there's snow, we go to the mountains.*
Ci piace molto sciare.	*We like skiing a lot.*
D'estate andiamo al mare.	*In summer we go to the seashore.*

2. ***Listen again and correct the following sentences:***

1. Marcello e Nadia vanno al cinema il venerdì sera.

2. D'inverno se non c'è neve vanno a sciare.

3. La domenica, d'inverno e d'estate nuotano e fanno windsurf.

3. *Listen to Maria talking about what she does at various times of the year and number the activities in the order in which you hear them.*

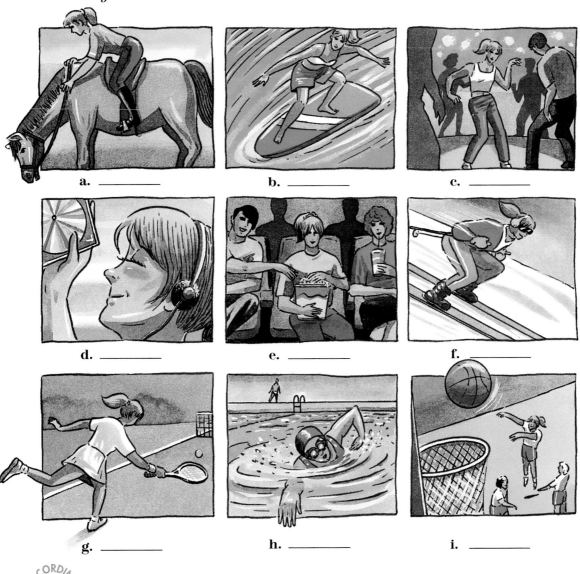

a. _____

b. _____

c. _____

d. _____

e. _____

f. _____

g. _____

h. _____

i. _____

4. *Listen to Maria talking about what she likes doing once again and enter each activity next to the appropriate season.*

d'estate	_____	_____	_____	_____
d'inverno	_____	_____	_____	_____
in primavera	_____	_____	_____	_____
in autunno	_____	_____	_____	_____

5. *Fill in the table for each of the activities that Maria likes to do. Follow the example given below.*

Io	Guido ed io	i miei amici
gioco a tennis	giochiamo a tennis	giocano a tennis

6. *Look at the activities listed and write down what you like to do and what you don't like to do using either* **mi piace** *or* **non mi piace.**

Example: Mi piace viaggiare.

viaggiare	leggere	giocare a carte
ballare	suonare il pianoforte	fare windsurf
tornare a casa la sera	alzarmi presto	mangiare

Your turn

You are talking to your Italian friend about your hobbies. Listen to the prompts on the recording and play your part.

Close-up

You have learned to use **mi piace**, *"I like" in Unit 2. Notice that you can also use this expression with a verb to say "I like doing..."*

Mi piace sciare.	*I like skiing. (literally "skiing is pleasing to me")*
Ci piace sciare.	*We like skiing.* (**ci** = *"to us"*)
Ti piace lo sport?	*Do you like sports?* (**ti** = *"to you"*)

When you use **mi piace** *with a reflexive verb like* **alzarsi**, *you have to remember to change the final* **si** *as appropriate.*

Non **mi** piace alzar**mi** presto.   *I don't like getting up early.*
(literally "I don't like getting myself up")

Notice how **Qualche**, *"some," is used in Italian:*

Qualche volta.   *Sometimes.*   **Qualche** amico.   *Some friends.*

It is always used with a singular noun, not with the plural as in English.

We say **giocare,** *meaning "to play," but "we play" is* **giochiamo.** *Why add the* **h**? *You have already seen that when* **c** *or* **g** *are followed by* **e** *or* **i,** *they become soft. For example,* **c** *is pronounced "ch" and* **g** *as "j." In verbs (such as* **giocare***) where the "c" sound is hard, in order to keep the hard sound, add an* **h** *whenever the* **c** *is followed by* **e** *or* **i.** *Many verbs ending in* **-care** *or* **-gare** *follow this pattern.*

Attività e passatempi

Talking about pastimes and the weather

Word Bank

l'allenamento	*training*	a luglio	*in July*
altro	*other*	la nebbia	*fog*
anche se	*even if*	nevicare	*to snow*
brutto/a	*ugly, bad*	ogni	*every*
il calcio	*soccer*	la palestra	*gymnasium*
caldo	*hot, warm*	la partita	*game*
correre	*to run*	piovere	*to rain*
discretamente	*quite well*	praticare	*practice*
la donna	*woman*	preferito	*favorite*
in effetti	*in fact*	la soddisfazione	*satisfaction*
freddo	*cold*	il sole	*sun*
giocare	*to play*	il torneo	*tournament*

1.

Listen to Matteo talking about his sporting activities.
Then repeat the conversation.

Tu giochi a pallacanestro?	*Do you play basketball?*
Quante volte alla settimana fa l'allenamento?	*How many times a week do you train?*
Ogni giorno corro.	*I run every day.*
Anche se piove?	*Even if it rains?*
Anche quando fa brutto tempo.	*Even when the weather's bad.*
Pratichi altri sport?	*Do you do other sports?*

2.

Listen again to the conversation and answer the questions.

1. **Qual è lo sport preferito di Matteo?**

2. **Quante volte alla settimana fa l'allenamento?**

3. **Che cosa fa ogni giorno?**

4. **Quando c'è la partita di pallacanestro?**

5. **Che cosa fa Matteo il sabato?**

6. **Che sport pratica d'estate?**

7. **Che tempo fa a luglio?**

3.

Read the weather conditions in Column 1 and find an appropriate action in Column 2.

1. Se c'è neve   a. vado a sciare

2. Se fa caldo   b. non esco in macchina

3. Se c'è vento   c. vado al mare

4. Se fa freddo   d. vado al cinema

5. Se c'è nebbia   e. faccio windsurf

4. *Listen to the months of the year and repeat them.*

> **i mesi**
>
> | | | | |
> |---|---|---|---|
> | gennaio | febbraio | marzo | aprile |
> | maggio | giugno | luglio | agosto |
> | settembre | ottobre | novembre | dicembre |

Trenta giorni ha novembre

con aprile, giugno e settembre

di ventotto ce n'è uno,

tutti gli altri ne hanno trentuno.

5. *You are thinking of going to Italy in March and are wondering where to go. Listen as an Italian friend gives you a summary of the weather forecast to help you make up your mind. Jot down the details below. The first one is already done for you.*

Example: Sulle Alpi nevica e fa molto freddo.

Che tempo fa?

1. sulle Alpi 2. a Venezia 3. in Val Padana

4. a Roma 5. a Bari 6. a Palermo

6. *Keeping in mind what you have heard in the previous recordings, answer the following questions.*

1. Che tempo fa nella sua città in estate?

   _____.

2. Nel mese di gennaio dove fa più caldo, a Palermo o a Chicago?

   _____.

3. Perchè non è una buon' idea andare a Venezia durante luglio e agosto? _____.

4. Qual è il mese dell'anno quando Lei va in cerca di sole?

   _____.

5. Nel nord d'Italia com'è il tempo in febbraio e in marzo?

   _____.

Your turn

Now tell us a little more about yourself. Answer the following questions.

1. A che ora finisce il lavoro e che cosa fa dopo?

2. Quale sport preferisce?

3. Le piace praticare questo sport o solo guardare?

4. Quante volte all'anno va in vacanza e quando?

5. Dove va in vacanza?

6. Che cosa le piace fare in vacanza?

7. Che tempo preferisce? Quando fa molto caldo ad esempio o quando fa freddo?

Did You Know?

Temperatures can vary considerably in Italy. It is generally accepted that mid-summer is not the best time to visit Venice because of the humidity, but be prepared for the possibility of chilly winds from the north if you go in spring. It is, of course, always worth going in February for the Carnival whatever the weather. But boots are essential as Saint Mark's Square is often flooded. In winter, Val Padana, the Po Valley, is renowned for its thick fog, so go further north to the beautiful ski resorts in the Dolomites and the Alps. South of Rome, winters are very mild except on high ground, and summers are hot.

Pronunciation

1. *If you listen carefully to the following double consonants, you should be able to hear that they sound longer than the single consonant. Repeat them as accurately as you can.*

nebbia	piuttosto	macchina
pallacanestro	autunno	freddo

Now listen to the following words and decide whether they have a single or a double consonant.

1. b?	bb?	2. b?	bb?	3. d?	dd?
4. d?	dd?	5. t?	tt?	6. t?	tt?
7. c?	cc?	8. c?	cc?	9. l?	ll?
10. l?	ll?	11. n?	nn?	12. n?	nn?

2. *Remember that the stress changes in the third person plural of verbs. The normal stress is on the penultimate syllable:* **com**prate, *but in the third person plural, it is on the prepenultimate, or next-to-last two syllables:* **com**prano. *Try saying the following examples:*

chiudete—chiudono	aprite—aprono
giocate—giocano	comprate—comprano
mangiate—mangiano	lavorate—lavorano
finite—finiscono	

Close-up

Notice how you say "to play football," "to play tennis," and so forth:

giocare a calcio   **giocare a** tennis

To say "how often/how many times" use **quante volte.**

How many times…	a day?	Quante volte **al** giorno?
	a week?	Quante volte **alla** settimana?
	a month?	Quante volte **al** mese?
	a year?	Quante volte **all'**anno?

Notice again how **a**, **al**, **alla**, or **all'** is used in this construction.

When talking about the weather, we usually use the verb **fare**:

Fa caldo.	*It's hot.*	Fa freddo.	*It's cold.*
Fa bello.	*The weather's nice.*	Fa brutto.	*The weather's horrible.*

But

Piove.	*It's raining.*	Nevica.	*It's snowing.*
C'è vento.	*It's windy.*	C'è nebbia.	*It's foggy.*
C'è sole.	*It's sunny.*		

Different prepositions are used to talk about where you are or where you are going depending on the type of place. If you are talking about a town, you use **a**:

Siamo **a** Venezia.

With the name of a region or country, you usually use **in**:

Siamo **in** Val Padana.   Andiamo **in** Italia.

There are also some set expressions:

In montagna.

Al mare.

Al cinema.

A teatro.

Sulle Alpi.

Checkpoints

Can you...?   Yes   No

- **say what you do every day** ....☐ ......☐
  Mi alzo alle sette.

- **ask what someone usually does** ....☐ ......☐
  Che cosa fa la sera?

- **ask at what time someone does something** ....☐ ......☐
  A che ora?
  Quando?

- **say what you like doing** ....☐ ......☐
  Mi piace sciare.

- **ask what someone else likes doing** ....☐ ......☐
  Che cosa le piace fare?
  Che cosa ti piace fare?

- **talk about your pastimes** ....☐ ......☐
  Gioco a calcio.
  Guardo la tivù.
  Faccio l'allenamento.

- **talk about the weather** ....☐ ......☐
  Fa caldo.
  C'è sole.
  Piove.

- **say what you do if...** ....☐ ......☐
  Se c'è vento faccio windsurf.

- **ask how many times** ....☐ ......☐
  Quante volte alla settimana?

- **say sometimes, usually** ....☐ ......☐
  Qualche volta, delle volte, di solito

- **talk about what people do in different seasons, months** ....☐ ......☐
  Giochiamo a tennis d'estate.
  Vado a cavallo in primavera.
  Viaggia d'autunno.
  Sciamo in gennaio.
  Nuoto a luglio.

Learning tips

It is helpful to learn the patterns of regular verbs ending in
-are, **-ere**, *and* **-ire** *so that you can recognize them easily and*
quickly. Since Italians generally do not use the words for the
pronouns "I," "you," "he," "she," and "it," you will need to
recognize the form of the verb in order to understand who
they are talking about.

Do you want to learn more?

Since this unit deals with routines and hobbies, make a point of
telling yourself what you are doing in Italian throughout the
day. This will help you to remember the words you have learned
in the unit.

Unit 7 will introduce you to language for checking into a hotel, making business arrangements, and socializing. By the end of the unit, you'll know how to:

- invite someone out
- confirm hotel reservations
- talk on the phone
- make an appointment

Un giro per la città

7

Word Bank

A venerdì.	*See you Friday.*	niente	*nothing*
un attimo	*one moment*	Non so.	*I don't know.*
credere	*to believe*	Perchè no?	*Why not?*
d'accordo	*agreed*	il pianoforte	*the piano*
dal dentista	*to the dentist*	posso	*I can*
devo	*I must*	Pronto?	*Hello?*
in discoteca	*to the disco*	purtroppo	*unfortunately*
in palestra	*to the gym*	senti	*listen*
in piscina	*to the swimming pool*	stasera	*tonight*
il giro	*short trip*	Volentieri.	*With pleasure.*
la lezione	*the lesson*	Volete...?	*Do you (voi) want...?*
in macchina	*by car*	Vuoi...?	*Do you (tu) want...?*
Mi dispiace.	*I am sorry.*	Va bene.	*OK.*

Andiamo al cinema?

Arranging social activities

1. **Marina and Federico are trying to arrange to meet. Listen and repeat what they say.**

Che cosa fai domani?	*What are you doing tomorrow?*
Niente, credo.	*I don't think I'm doing anything.*
Vuoi uscire con me?	*Do you want to go out with me?*
Andiamo a prendere...?	*Shall we go and have...?*
Hai detto domani?	*Did you say tomorrow?*
Domani non posso.	*Tomorrow I can't.*
Devo andare a...	*I must go to...*
Perchè non usciamo...	*Why don't we go out...?*
Ci vediamo venerdì?	*Shall we see each other on Friday?*
A venerdì!	*See you on Friday!*

2. **For each invitation made to Marina, write down what Marina replies.**

Example: **Vuoi uscire con me ed Ernesto? Sì, volentieri!**

1. Andiamo a prendere una pizza?

2. Perchè non usciamo venerdì sera?

3. Allora ci vediamo venerdì?

3. **Listen to some more invitations and write the number of each sentence next to the appropriate English equivalent given below.**

_____ *Shall we meet at eight?*

_____ *Do you want to go to the gym?*

_____ *Why don't we go to the pizzeria on Saturday?*

_____ *Shall we go to the disco?*

_____ *Marco and Gianna, do you want to go to the cinema tonight?*

4. *Listen to the invitations you have just heard and reply to accept each one. Use all the different forms you have learned.*

5. *If you can't accept an invitation, you will want to explain why. Listen to the conversation between Luca and Giuliana. Repeat what each one says.*

Pronto!	*Hello! (when answering the phone)*
Sono Luca.	*It's Luca (speaking).*
C'è Luciana?	*Is Luciana at home?*
Mi dispiace.	*I'm sorry.*
Allora, facciamo domani.	*Let's make it tomorrow, then.*
purtroppo	*unfortunately*
Va bene sabato?	*Is Saturday all right?*

6. *Which excuses did Giuliana give? Choose the two correct excuses from the four illustrations below.*

Giuliana non può giocare a tennis:

1. giovedì pomeriggio perchè...

2. e mercoledì perchè...

a.

b.

c.

d.

7.

Now use all the excuses illustrated in Activity 6 to write down why you can't accept the invitations given below.

Example: Vuoi venire a teatro, sabato sera?

Mi dispiace, sabato sera non posso perchè devo studiare.

1. Andiamo in piscina, martedì mattina?

2. Perchè non andiamo a mangiare una pizza venerdì?

3. Giochiamo a carte con Luca domenica sera?

4. Tu e Carla, volete venire in piscina lunedì pomeriggio?

5. Vuoi venire a fare una passeggiata?

Close-up

The forms **vuoi (tu), volete (voi),** and **vuole (Lei)** of the irregular verb **volere** (to want) mean "would you like" and "do you want?"

Volete andare al cinema?   **Vuole** venire al concerto?

The verb for "to be able to," in Italian is **potere:**

posso... I can...   **possiamo**... we can...
Oggi non **possiamo** giocare a tennis.

The verb **dovere,** "to have to," is also irregular:

devo... I have to...   **dobbiamo**... we have to...
Devo fare spese in città.

Note that the verb form which follows **volere, potere,** and **dovere** is the infinitive.

Perchè in Italian means both "why" and "because."

Perchè non facciamo una passeggiata?

Non **posso perchè devo** uscire.

Days of the week don't need an article if they refer to one specific occasion, but they do take an article when you use them to refer to something you do regularly on that day of the week:

Andiamo in discoteca sabato sera?   Shall we go to the disco on Saturday evening?

Vai in discoteca **il** sabato sera?   Do you go to the disco on Saturday evenings?

Ho prenotato una camera singola

Making hotel reservations

W o r d B a n k

appena	*just*	matrimoniale	*double (bed)*
A presto.	*See you soon.*	mettere	*to put*
la camera	*room*	nel garage	*in the garage*
chiedere	*to ask*	nessuno	*nobody*
il deposito	*deposit*	prenotare	*to reserve (a room)*
la doccia	*shower*	sbagliato	*wrong*
fa	*a go*	scorsa	*last*
già	*already*	Senta.	*Listen.*
ieri	*yesterday*	i servizi	*(restroom) facilities*
l'impiegato	*the employee*	singola	*single*
la lettera	*letter*	il taxi	*taxi*
il libro	*book*	il telegiornale	*the news*
mandare	*to send*	vedere	*to see*

RECORDING

1. ***Listen to Mr. Sand's telephone conversation, where he checks on the hotel reservation he made a week ago. Then repeat the conversation.***

ho prenotato	*I booked*
per sabato 18 giugno	*for Saturday June18th*
Il suo nome, prego?	*Your name, please?*
Non ho capito.	*I don't understand.*
Può ripetere?	*Can you say it again?*
Quando ha prenotato?	*When did you book?*
ho telefonato	*I phoned*
una settimana fa	*a week ago*
ho mandato	*I sent*

2.

Listen again and write down all the past actions mentioned in the dialogue. Give the corresponding infinitives.

Example: ho prenotato: prenotare

3.

Let's see how Mr. Sand is getting on and if his arrangements with the hotel have been sorted out. Listen and repeat.

hanno scritto	*they have written*
per 3 notti	*for 3 nights*
con servizi in camera	*with bath*
con doccia	*with shower*
A presto.	*See you soon.*

4.

Listen to both dialogues again and decide whether the following statements are true or false.

1. Il signor Sand telefona all'albergo sbagliato.

2. L'impiegato non capisce niente.

3. L'impiegato chiede come si scrive il nome.

4. Il signor Sand non ha prenotato la camera.

5. Il signor Sand non ha mandato una lettera.

6. Non hanno scritto il nome del signor Sand.

5. *Using the time expressions in parentheses and the correct form of the verb, answer the questions below. Compare your replies with the recording.*

Example: Quando avete prenotato la camera? (ieri)
Abbiamo prenotato la camera ieri.

1. Quando hanno telefonato Gino e Chiara? (mese fa)

2. Quando avete mandato la lettera? (settimana scorsa)

3. Ha inviato il fax Piero? (ieri)

4. Quando hai scritto la lettera? (due giorni fa)

5. Hai telefonato a Marina? (domenica scorsa)

6. *Answer the following questions using one of the suggested prompts. Follow the example given for the position of* **già** *and* **appena.**

Example: Prenotiamo l'albergo? (io/già)   Ho già prenotato l'albergo.

1. Telefono a Marcello? (io/già)

2. Avete scritto ad Enzo? (noi/appena)

3. Mandiamo il deposito? (Mario/già)

4. Compriamo le sigarette? (io/appena)

5. Hai prenotato le camere? (Elisa e Pina/già)

7. *As you have already discovered, many Italian verbs are irregular, so it will not surprise you to learn that many verbs have irregular forms for the past tense. Find some of the past participles hidden in the Word Jumble, and match each with its infinitive.*

Example: fare   fatto

vedere   _____

bere   _____

chiedere   _____

mettere   _____

leggere   _____

prendere   _____

C	C	A	F	T	N	O	M	A	E	N
O	H	L	A	O	M	E	S	S	O	S
M	I	E	T	T	A	G	U	I	V	T
L	E	T	T	O	S	A	P	O	I	R
U	S	G	O	L	I	P	R	E	S	O
N	T	M	I	D	P	I	A	C	T	C
T	O	S	O	B	E	V	U	T	O	A

Your turn

Listen to the questions and reply with the help of the following prompts.

Example: Hai visto il film *Il nome della rosa?*
  (No/io/leggere/libro)   No, ma ho letto il libro.

1. No/noi/vedere/telegiornale.

2. Io/prendere/tassì.

3. Io/mettere/macchina/nel garage.

4. Nessuno/bere/il tuo caffè.

5. No/Enzo e Fiorella/vedere/Mario/ieri.

Close-up

In this unit you have been using the past tense. It is formed using the different forms of **avere** and the past participle of the verb. For example:

Ho telefonato.   I have telephoned. / I telephoned.

Past participles are formed in the following ways:

-are verbs	**abitare**	drop the ending **-are** and add **-ato**	=	abit**ato**
-ere verbs	**avere**	drop the ending **-ere** and add **-uto**	=	av**uto**
-ire verbs	**finire**	drop the ending **-ire** and add **-ito**	=	fin**ito**

Those rules apply to all regular verbs.

Notice how you express dates in Italian using ordinary numbers:

the second of January   il due gennaio

the thirtieth of March   il trenta marzo

The only exception is the first day of the month:

the first of January   il primo gennaio

È libero giovedì?

Making business arrangements

Word Bank

abbastanza	*enough*	mah...	*well... (when thinking before answering)*
l'agenda	*the diary*	il messaggio	*message*
l'appuntamento	*appointment*	occupato	*busy*
chi	*who*	la riunione	*meeting*
controllare	*to check*	sfortunatamente	*unfortunately*
fuori sede	*out of the main office*	sia... che...	*both... and...*
impegnato	*busy*	subito	*right away*
l'impegno	*engagement*	l'ufficio	*the office*
libero	*free*		

RECORDING

1. ***To make arrangements to meet in a business context you need to use formal language. Listen to avvocato Marcon trying to get through on the telephone to ingegner Biancucci. Then repeat what they say.***

Non c'è.	*He isn't there.*
È fuori sede.	*He's away on business.*
Posso parlare con...?	*Can I speak to...?*
subito	*right away*
Chi parla?	*Who's calling?*

2.

Avvocato Marcon has been connected with ingegner Biancucci's secretary. Listen carefully to the conversation and make a list of the different phrases you can use to say you are busy.

Ho preso un appuntamento.	*I made an appointment.*
Ho una riunione.	*I have a meeting.*
Controllo la sua agenda.	*I'll check his diary.*
Facciamo...?	*Shall we make it...?*
Sono impegnato.	*I'm busy.*
È libero...?	*Are you free...?*
Non ho impegni.	*I have no engagements.*
È occupato...?	*Are you busy...?*

3.

Listen to the dialogue again and fill in the diary pages respectively for Avv. Marcon and Ing. Biancucci.

Avv. Marcon	Dom	Lun	Mar	Mer	Gio	Ven	Sab
9:00							
10:00							
11:00							
12:00							
1:00							
2:00							
3:00							
4:00							
5:00							

Ing. Biancucci	Dom	Lun	Mar	Mer	Gio	Ven	Sab
9:00							
10:00							
11:00							
12:00							
1:00							
2:00							
3:00							
4:00							
5:00							

4. *The two business people are still trying to arrange a meeting. Listen to the prompts on the recording. Using the completed diary pages, reply in turn as avvocato Marcon or ingegner Biancucci. Remember to use all of the forms you have learned.*

Example: Avvocato Marcon, può venire giovedì 10 alle 11?
Purtroppo ho una riunione importante.

5. *Make up appropriate questions for the answers given below. Write down all the possible questions that come to mind.*

Example: Mi dispiace, avvocato Bartoli. Giovedì alle 3 ho già un appuntamento.

Question: È libero?/Ci vediamo giovedì alle 3?

1. _____

No, non ho impegni martedì pomeriggio.

2. _____

No, lunedì alle 10 va bene, sono libero.

3. _____

Purtroppo, giovedì alle 4 non posso.
Ho una riunione.

4. _____

Sfortunatamente, l'avvocato è fuori
sede sia martedì che mercoledì!

5. _____

No, ma di pomeriggio verso le 5 va bene.

Pronunciation

Italian double consonants are often difficult for English-speaking people to detect.

1. *Before repeating the words on the recording, cover the list below. Write down the words you hear and then check them against the list.*

posso	attimo
dobbiamo	settimana
d'accordo	appuntamento
benissimo	ufficio
Gianna	letto
passeggiata	messo
purtroppo	detto
pomeriggio	caffè
mattina	avvocato
messaggio	facciamo
allora	

2. *Listen to these sentences and check (✓) whether they are questions or statements.*

	Questions	Statements
1.		
2.		
3.		
4.		
5.		
6.		
7.		
8.		

Close-up

As with **signor** and **signora,** you do not use an article when you are directly addressing someone with a title.

Come sta, dottor Boni?   How are you Dr. Boni?

When giving a date you usually specify the weekday:

È libero giovedì tredici?   Are you free on Thursday the thirteenth?

Note that when giving a date in Italian, you say the ordinal number and drop the article when the day is specified.

Expressions indicating the time of day, and (sometimes) the days of the week, can be used with the preposition **di.**

Di sera leggo sempre a letto.   In the evening I always read in bed.

Sono sempre libero **di** sabato.   I'm always free on Saturdays.

Sia ... che ... corresponds to the English "both ... and ...."

Per me **sia** la mattina **che** il pomeriggio va bene.

For me, both the morning and afternoon are OK.

"Either... or" is expressed in Italian by **o ... o** or simple **o.**

Mi trovi **(o)** in ufficio **o** giù al bar.

You'll find me (either) in the office or down in the bar.

Checkpoints

Can you . . . ?   **Yes**   **No**

- *invite a friend to go out* . . . . ❑ . . . . . ❑
  Vuoi venire a fare una passeggiata?
  Andiamo al cinema?
  Andiamo a prendere una pizza?

- *accept an invitation* . . . . ❑ . . . . . ❑
  Sì, volentieri.
  Sì, d'accordo.
  Sì, va bene.

- *decline an invitation* . . . . ❑ . . . . . ❑
  Mi dispiace ma domani non posso.

- *propose an evening out on a certain day* . . . . ❑ . . . . . ❑
  Perchè non usciamo martedì sera?
  Perchè non andiamo in pizzeria sabato?

- *talk on the phone and ask to speak to someone* . . . . ❑ . . . . . ❑
  Pronto, c'è Gianna?
  Buongiorno, l'ingegner Biancucci, per favore.
  Pronto, posso parlare con . . . , per favore?

- *confirm a hotel reservation* . . . . ❑ . . . . . ❑
  Ho prenotato una camera per sabato 18 giugno.
  Ho prenotato una camera matrimoniale e con servizi in camera.
  Ho prenotato una camera singola per 3 notti.

- *make an appointment* . . . . ❑ . . . . . ❑
  È libero domani alle quatro?
  È occupato lunedì mattina?

- *give excuses for changing an appointment* . . . . ❑ . . . . . ❑
  Giovedì pomeriggio ho impegni.
  Ho un appuntamento con il dentista.
  Mi dispiace ma lunedì sono fuori sede.

- *say how long ago you or someone else did something* . . . . ❑ . . . . . ❑
  Gino e Chara hanno telefonato un mese fa.
  Ho scritto la lettera due giorni fa.
  Abbiamo mandato la lettera la settimana scorsa.
  Piero ha mandato il fax ieri.

Learning tips

Set specific but realistic goals for yourself each time you sit down to study and reward yourself when you have achieved them.

When learning a list of new words, see if any of them rhyme with others in the list or others that you know. For example, you could learn **potere, dovere,** *and* **volere** *together so that if one is named, the others will instantly come to mind.*

Do you want to learn more?

Get a travel guide for an Italian-speaking city. Make a note of the leisure pursuits and cultural activities offered, and look up the Italian terms for these in a dictionary. If you have the chance, collect Italian-language tourist brochures describing leisure facilities, and see how many activities you can identify.

STAZIONE

Unit 8 is about making travel arrangements. When you complete this unit, you will know how to:

- make inquiries about traveling by train and bus
- rent a car and buy gas
- make an airline reservation

Alla stazione

8

il biglietto solo andata	*one-way ticket*	intero	*standard ticket*
il biglietto andata e ritorno	*round-trip ticket*	il posto	*seat*
		la prima classe	*first-class*
il binario	*platform*	quindi	*therefore*
la carozza	*train car*	il rapido	*express*
la coincidenza	*connection*	ridotto	*reduced fare*
convalidare	*to validate*	la seconda classe	*second-class*
in anticipo	*early*	salire	*to get on*
in orario	*on time*	scendere	*to get off*
in ritardo	*late*	il supplemento	*surcharge*

A che ora parte il treno?

Asking about train schedules

1. **Listen to the conversation at the train station.**

A che ora parte/arriva?	*What time does it depart/arrive?*
Il prossimo treno per...	*The next train to...*
Devo cambiare?	*Do I have to change?*
Da che binario parte?	*From which platform does it depart?*
Dal binario...	*From platform...*
È in ritardo di... minuti.	*It's... minutes late.*

2. **Listen to these two dialogues, paying attention to the use of the past tense.**

È già partito il treno per...?	*Has the train to... already departed?*
Devo prenotare?	*Do I have to book?*
Vorrei due biglietti.	*I would like two tickets.*
È in orario?	*Is it on time?*

3. **You need to leave a message for your friend about the train you are going to take. Listen to the dialogue for Activity 1 again and fill in the missing information on the note.**

Mario, parto per Bologna con il treno delle _____. Il treno è _____ e arrivo a Bologna _____. Parto con Carla e se vuoi venire alla stazione il treno parte dal binario _____.

4. *Listen again to the dialogues in Activity 2. Choose the correct answers from the choices given.*

Dialogue 1:

Il treno è

pendolino	_____
espresso	_____
locale	_____

Il treno parte

alle 5,10	_____
alle 6,55	_____
alle 7,25	_____

Il treno arriva

alle 8,50	_____
alle 9,15	_____
alle 9,31	_____

La carrozza è

fumatori	_____
non fumatori	_____

Il biglietto è

solo andata	_____
andata e ritorno	_____

Dialogue 2:

Il treno

è già partito	_____
non è ancora arrivato	
in stazione	_____

I biglietti sono

interi	_____
ridotti	_____
uno intero	
e uno ridotto	_____

Il treno per Roma è

rapido	_____
espresso	_____
diretto	_____

Il treno arriva a Latina

alle 5,50	_____
alle 6,15	_____
alle 7,25	_____

Supplemento

sì _____   no _____

Prenotazione

sì _____   no _____

5. *Look at the answers below and write appropriate questions for each one.*

1. _____?

   Può prendere l'espresso o il pendolino.

2. _____?

   Sì, la prenotazione è obbligatoria.

3. _____?

   Fumatori.

4. _____?

   No, non è ancora partito.

5. _____?

   Arriva alle 7,25.

6. *Change the infinitive to the past participle and choose the appropriate auxilary verb* **(avere/essere)** *to complete these sentences.*

Example: Carlo/andare al cinema.
Carlo è andato al cinema.

1. Noi   guidare la motocicletta dello zio.

2. Io   ricevere un invito alla festa.

3. Tutti   andare in Sicilia.

4. Marco e Luisa   partire per le vacanze.

5. L'aeroplano   arrivare in ritardo.

6. Rosanna e Maria   restare in albergo.

7. Alberto ed io   finire i compiti in anticipo.

8. I miei amici   tornare venerdì.

9. Tu   mangiare i panini?

10. Mia mamma   fare le vacanze in Messico.

7. *Write sentences using the prompts below.*

Example: treno/partire/6,55
Il treno è partito alle 6,55.

1. io/prendere/pendolino

2. treno/arrivare/9,31

3. io/prenotare/posto

4. noi/andare/carrozza fumatori

5. io/comprare/due biglietti

6. noi/arrivare/Roma/5,50

7. coincidenza/partire/Roma/6,15 e arrivare/Latina/7,25

8. noi/pagare/supplemento

8. *Now find out when the next train to Rome departs. It's seven o'clock in the evening and you are in Milan. Listen to the prompts and ask the questions.*

Close-up

In Unit 7 you learned to form the past tense using the verb **avere** *with the past participle of the verb:* **ho preso un appuntamento.** *Most verbs in the past tense use* **avere** *in this way. However, some verbs form the past tense using* **essere** *with the past participle. These are the verbs of movement:* **andare, venire, tornare, uscire, entrare, partire, arrivare,** *and* **correre.**

> **Sono andato** a Roma.   I have gone to Rome.

When you use **essere,** *the ending of the past participle must change to agree with the subject in the following ways:*

Masculine	**-o**	Pietro **è andato** al cinema con Giulia.
Feminine	**-a**	Maria **è andata** a Torino per due giorni.
Masculine plural	**-i**	Carlo e Pietro **sono partiti** ieri per il Perù.
Feminine plural	**-e**	Michela e Francesca non **sono** ancora **arrivate.**

If the subjects are both male and female, the ending is masculine plural:

> Daniela e Giovanni **sono usciti** con Paola.

Note that **camminare** *and* **passeggiare** *use* **avere:**

> Ieri **abbiamo camminato** tutto il giorno.

When you want to say "the train leaves in two minutes," use the preposition **tra** *or* **fra:**

> Il treno parte **tra** due minuti.   Il treno parte **fra** due minuti.

If you want to say "the 7:40 train," you would say **il treno delle 7,40**, *using the preposition* **di** + *the definite article.*

> Il pendolino **delle** sei.   L'espresso **delle** dodici e venti.

All'aeroporto

Making flight reservations

W o r d   B a n k

acqua	*water*	il distributore	*gas station*
acquistare	*to buy*	la fattura	*invoice*
annullare	*to cancel*	guardare	*to look*
assicurata contro terzi	*insured third party*	noleggiare	*to hire/to rent*
		noleggio	*rent*
l'assicurazione	*insurance*	l'olio	*oil*
benzina	*gas*	il passeggero	*passenger*
il chilometraggio illimitato	*unlimited mileage*	la prenotazione	*booking*
		la pressione delle gomme	*tire pressure*
piccola/media/grande macchina	*small/medium/ large car*	il numero di telefono	*telephone number*
compreso	*included*	il volo	*flight*
confermare	*to confirm*		

1. **Mario Terrinoni is phoning the Ufficio Alitalia to book a flight. Listen to the conversation and repeat it.**

Che voli ci sono per…?	*What flights are available to…?*
C'è un solo volo.	*There's just one flight.*
Due biglietti per…	*Two tickets to…*
Uno a nome di…	*One in the name of…*
L'altro a nome di…	*The other one in the name of…*
Ora guardo…	*I'm just looking for now…*
Roma, ha detto…	*Rome, you said…*
Mi può dare…	*Could you give me…*
La ringrazio.	*I thank you.*

2. *Now you try to book a flight. Follow the prompts on the recording.*

3. *You want to confirm with your colleague that you have booked the flight. Fill in the blanks with the past tense of the verbs in parentheses.*

4. *Two men are renting a car. Listen to the dialogue and find the correct answer for each question.*

Abbiamo disponibile...	We have available...
Fate il pieno alla macchina?	Do you fill the car up?
Controlliamo l'olio.	We check the oil.
È compresa nel prezzo?	Is it included in the price?

1. Per quanti giorni?

2. La benzina è compresa nel prezzo?

3. È assicurata contro terzi?

4. Desidera?

5. Quanto costa?

a. No, non è compresa.

b. Sei giorni.

c. Vogliamo noleggiare una macchina.

d. 111.000 al giorno.

e. Sì, ed è compreso nel prezzo del noleggio.

Maurizio, _____ (andare) in agenzia e _____ (prenotare) i biglietti. _____ (dare) il tuo nome e quello di Luigi. I biglietti _____ (arrivare) questa mattina e la fattura _____ (arrivare) nel primo pomeriggio. Per ogni problema _____ (lasciato) il recapito telefonico dell'ufficio. _____ (rientrare) da poco ma non ci sono cambiamenti. Ci vediamo giovedì in aeroporto.

AUTONOLEGGIO GARIBALDI

Your turn

You want to rent a car for two weeks. Listen to the prompts on the recording and play your part.

5. *You have just come back from your business trip to Perugia and your boss wants to know all the details of the journey. Listen to the dialogue and supply all the details.*

1. Partenza _____

2. Arrivo _____

3. Persone _____

4. Mezzo di trasporto _____

5. Giorni a Perugia _____

6. Giorni a Spoleto _____

7. Rientrato _____

Close up

To ask how much a car costs to rent per day, week, or month, use the preposition **a** (**al, alla**) plus the period of time.

Quanto costa **al** giorno?	How much does it cost per day?
...**alla** settimana?	...per week?
...**al** mese?	...per month?

It is important to remember the difference between the prepositions **da** and **per**:

un treno **da** Padova	a train coming from Padua
un treno **per** Padova	a train leaving for Padua
il pullman **per** Roma	the bus to Rome
il volo **da** Palermo	the flight from Palermo

To say "one... and the other..." use **uno... e l'altro**:

> **Uno** a nome di... **e l'altro** a nome di...

This can also be used to mean "both":

> Vuoi il gorgonzola o la mozzarella?
>
> Prendo **l'uno e l'altro!**   *I'll have both!*

Ci vuole molto?

Getting around the city

Word Bank

adesso	*now*	festivo	*weekend*
a piedi	*by foot*	il giornalaio	*newspaper vendor*
un attimo	*one moment*	gratuito	*free*
l'autobus	*bus*	in bicicletta	*by bicycle*
il bagaglio	*luggage*	in corriera	*by local bus*
il capolinea	*end of the line, last stop*	in genere	*in general*
		in metropolitana	*by subway*
certo	*certainly*	in motorino	*by motorbike*
circa	*about*	in tassì	*by taxi*
comodo/a	*comfortable*	permesso	*permit*
conveniente	*convenient*	la ricevuta	*receipt*
così	*so, thus*	sempre	*always*
di solito	*usually*	spesso	*often*
il distributore automatico	*automatic ticket machine*	tabaccaio	*tobacconist*
l'edicola	*newspaper kiosk*	la tariffa notturna	*night rate*
feriale	*weekdays*	il tassista	*taxi driver*
la fermata	*(bus) stop*	il trasporto	*transport*

1. ***In Italy many cities have an information service that you can phone to find out the best way to get from one place to another. Listen to the conversation.***

Mi trovo adesso a Piazza Cavour.	*I'm now in Piazza Cavour.*
Devo prendere l'autobus per andare...?	*Should I take the bus to get to...?*
Quanto ci vuole?	*How long does it take?*

2.

Listen to the conversation again and decide whether the following statements are true or false.

1. La signora può andare a piedi a Piazza Cavour.

2. Deve scendere dopo tre fermate.

3. La fermata è davanti ad un cinema.

4. Ci vuole un quarto d'ora per arrivare in Via del Corso.

3.

Listen to these people talking about how they get to work. Which pictures show the most popular means of transport in Rome?

Abito lontano dal centro.	*I live far from the center of town.*
Ci vuole/ci vogliono . . .	*It takes . . .*
Il mio studio è vicino casa.	*My studio is close to home.*
Non trovo mai il parcheggio.	*I can never find any place to park.*
Purtroppo abito fuori Roma.	*Unfortunately, I live outside Rome.*

a. _____

b. _____

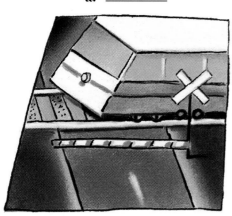

c. _____

d. _____

4. *Listen again to the interviews and write down how long it takes each person to get to work.*

Marcella   Luisa   Vittorio   Enrico   Paolo

5. *Write sentences using* **ci vuole** *or* **ci vogliono**.

Example: 15 minuti   Ci vogliono 15 minuti.

1. due ore
2. un quarto d'ora
3. venti minuti
4. un attimo
5. tre giorni

DidYouKnow?

Italians usually say telephone numbers in a particular way. Not number by number, but in groups of twos or threes. If you want to say the number 356443 in Italian, you would say: **trentacinque, sessantaquattro, quarantatrè**.

6. *Now listen to the interviews from Activity 3 again and answer the following questions.*

1. Marcella va in motorino perchè abita lontano dal centro?

2. Vittorio va a piedi perchè vuole fare esercizio?

3. Paolo preferisce andare in motorino perchè a Roma non piove mai?

4. Luisa prende il pullman perchè non abita a Roma?

5. Enrico va in motorino perchè parcheggia vicino all'ufficio?

Your turn

Write down how you travel to work and how long it takes you.

Pronunciation

1. *In Italian some words have the accent on the last vowel. Listen to these words and repeat them.*

città, università, caffè, tè, martedì, tiramisù, giù

2. *Now read the words below and check their pronunciations on the recording.*

pubblicità, proprietà, venerdì, realtà, già, tassì, povertà

Close up

Notice how you use **ci vuole** *and* **ci vogliono** *to say how long something takes to do. Use the singular* **ci vuole** *if the word that follows is in the singular:*

> **Ci vuole** un'ora.   It takes an hour.

If the word that follows is plural, use **ci vogliono:**

> **Ci vogliono** dieci minuti.   It takes ten minutes.

If you want to ask somebody how long something takes, use the singular form.

> Quanto **ci vuole**?

Remember that when you talk about transportation, you must use the preposition **in.**

> Vado a lavorare **in** macchina o **in** bicicletta.
>
> *I go to work by car or by bike.*

But "by foot" is **a piedi**.

Checkpoints

Can you...?   **Yes**   **No**

- *ask what time the train to... departs* .... ❑ ..... ❑
  A che ora parte il treno per...?

- *ask if you have to change trains* .... ❑ ..... ❑
  Devo cambiare treno?

- *ask from which platform* .... ❑ ..... ❑
  Da quale binario?

- *ask if the train has already departed* .... ❑ ..... ❑
  È già partito il treno?

- *ask for train tickets* .... ❑ ..... ❑
  Vorrei due biglietti per...
  Vorrei un biglietto andata e ritorno.

- *ask what flights are available to...* .... ❑ ..... ❑
  Che voli ci sono per...?

- *book a ticket in the name of...* .... ❑ ..... ❑
  Un biglietto a nome di...

- *say you want to rent a car* .... ❑ ..... ❑
  Vorrei noleggiare una macchina.

- *ask if the gas is included* .... ❑ ..... ❑
  La benzina è compresa nel prezzo?

- *ask where the bus stop is* .... ❑ ..... ❑
  Dov'è la fermata?

- *ask someone how he/she gets to work* .... ❑ ..... ❑
  Come vai al lavoro?
  Come vai a lavorare?

- *ask how long it takes* .... ❑ ..... ❑
  Quanto ci vuole?

- *say how you get to work* .... ❑ ..... ❑
  Di solito in motorino.
  A piedi.
  Prendo il treno.

Learning tips

Work on your grammar diligently but patiently. One rule at a time and lots of practice and review are good operating principles to keep in mind.

Do you want to learn more?

Get a hold of some street, subway, and bus maps for cities in Italy. Study the names of the major sites you'd like to visit, the streets on which they are located, and the major subway stations. Practice using the language you'd need to travel on public transportation to and from different places.

1 *Extra!*

Presentazioni

1. *Greet these people and ask them how they are. Notice the time of day. How do you think each one would reply?*

Example: Buongiorno, signor Pasini. Come sta?

Sto benissimo, grazie. E Lei?

RECORDING

2. *Read and listen to this travel ad.*

Immagina un po'! Dove sei? No, no, no, non sei più qui. Entri in un sogno. Guarda bene la foto! Sei in una spiaggia deserta. Il mare è calmo, limpido e caldo. Prova un po'! È caldo, vero? Questa sensazione è deliziosa e molto rilassante. È un vero paradiso. La Sicilia ti aspetta. L'Italia ti aspetta...

3. *Listen to Activity 2 again and match the two columns!*

1. Perchè non sei qui?   a. Sono su una spiaggia deserta.

2. Dove sei?   b. No, è molto rilassante.

3. Il mare è agitato,   c. È in Sicilia.
   sporco e freddo?

4. Questa è una sensazione   d. Perchè entro in un sogno.
   orribile?

5. È stressante?   e. No, è calmo, limpido e caldo.

6. Dov'è questo paradiso?   f. No, è deliziosa.

4. *This is the letter that David Sutton sent to the Mayor of
Scillato in an attempt to trace his long lost Italian aunt.
Complete the letter with the missing words. You will have
to consult the glossary to understand it all. The key below
to the asterisked words will tell you what to look for.*

italiana	cognome	chiamo	è
abita	sono	dove	questo

Gentile Sindaco,

Mi _____ David Sutton e _____
americano. Mia madre è di origine italiana e io
cerco* una mia zia _____. Non so* se mia
zia _____ ancora viva. Il suo _____ è
Catalisano. Non so* neanche _____ abita
ma forse _____ a Scillato. Mia madre
ricorda* _____ nome.

Sarei* molto grato per il suo aiuto nel trovare mia
zia.

Distinti saluti

David Sutton

*cerco — cercare   *so — sapere   *ricorda — ricordare
* sarei = *I would be*

2 *Extra* !

Faccio l'insegnante

1. *Look at the columns below, one contains a list of occupations and the other a list of what each person does. Try matching the two!*

1. un cuoco   a. ripara

2. un autista   b. cucina

3. un meccanico   c. cura

4. un medico   d. guida

5. un insegnante   e. suona

6. un musicista   f. insegna

2. *Have you seen the film* Il Postino? *It is an enchanting love story set on one of Italy's beautiful islands. Listen to the short summary of the film and answer the questions below in Italian.*

1. Che tipo di film è *Il Postino*?

2. Mario lavora all'inizio del film?

3. Chi è Beatriz?

4. Chi è Neruda?

5. Perchè ha bisogno di un postino?

6. Di chi è innamorato Mario?

7. Perchè trova difficoltà in questa situazione?

8. Con l'aiuto del poeta Neruda, che cosa fa Mario?

3.

Italians are renowned for their spirit of enterprise and Italy is a country with many cars and very few parking lots. In the southern part of the country, where there is a great deal of unemployment, some people manage to find work in a creative ways. Read the job description below and answer the questions in English.

Disoccupazione e fantasia.

Il custode di parcheggio abusivo.

Chi è?
È un disoccupato con molta fantasia.

Dove lavora?
Lavora normalmente in una grande piazza o in strada dove normalmente c'è posto per parcheggiare.

Che cosa fa?
Aiuta l'automobilista a trovare un posteggio e sorveglia le macchine. Se non c'è un posteggio, l'automobilista lascia la chiave della macchina con il custode. L'automobilista paga per questo servizio.

Perchè è abusivo?
Perchè il custode fa questo lavoro per conto suo e non è autorizzato dalle autorità.

1. *What kind of person is this parking attendant?*

2. *Where does he work?*

3. *What does he do?*

4. *What if no space is immediately available?*

5. *Why is this work considered illegal?*

4.

If you are a qualified teacher in Italy, you do not apply for a teaching post that becomes vacant. Instead there is a system of **concorsi.** *This system applies to all public servants. Read on! Then answer the questions in English.*

Un concorso è una prova di selezione per esami per assumere impiegati statali. Scenario: Studio francese all'università con lo scopo di diventare insegnante ma non è tanto facile. C'è un concorso ma solo ogni quattro anni perchè in questo momento non c'è bisogno di insegnanti. Se sono promosso al concorso, non decido io dove insegno. È il Ministero della Pubblica Istruzione che decide dove c'è bisogno di insegnanti e sono nominato ad un posto anche lontano da dove abito.

1. *What is a* **concorso?**

2. *If I wish to become a teacher, how often is there a* **concorso?**

3. *Can you explain why?*

4. *If I pass, who decides where I will teach and on what basis?*

3 *Extra*!

La famiglia e gli amici

1.

Who am I? Identify the family members.

1. Se io sono il fratello della tua mamma?

2. Se io sono il padre di tua moglie?

3. Se io sono la sorella di tuo marito?

4. Se io sono il figlio della sorella di tuo padre?

5. Se io sono il marito di tua figlia?

6. Se io sono il fratello di tua figlia?

2.

Elisabetta Ferracini, a popular Italian TV hostess, talks about her mother, Mara Venier. Listen and answer the questions.

1. Dove lavora Elisabetta?

2. Dove lavora la sua mamma?

3. Che cos'è *solletico*?

4. Com'è Mara secondo Elisabetta?

5. Com'è una tipica mamma italiana?

6. Che cosa fa Mara quando perde la pazienza?

N o t i z i e
Elisabetta Ferracini: «Mara Venier, la mia brava mamma italiana»

Come mamma lavora in tivù: di pomeriggio, su Raiuno, conduce *Solletico*, programma per bambini. Ma, come mamma, piace anche ai grandi: quando appare con le sue minigonne colorate più di un papà si ferma a guardarla. Si chiama Elisabetta Ferracini, è conosciuta come la figlia di Mara Venier. Mamma ha sempre cercato di allontanarla dal mondo dello spettacolo, "però, come i figli degli avvocati si iscrivono alla facoltà di legge, io sono rimasta folgorata dalla televisione", dice Elisabetta. Ma è proprio in tutto uguale a mamma? "No, lei è golosa, io per nulla. Lei divora il cioccolato fondente. Io non mangio una fetta di salame da cinque anni. Vivo a riso bollito e verdure: credo di essere allergica a quasi tutti i cibi. Mara dice che sono manie. È la classica mamma italiana, protettiva e severa. E quando perde la pazienza urla come una pazza. Però non porta rancore".

3.

Read the small ads below and decide which one you would choose in each of the following cases.

1. *If you were a single man of about 40, looking for someone sociable and dynamic with a love of life, but also with a romantic side to their personality?*

2. *If you were a serious man aged between 45 and 50 and you were looking for someone attractive and economically independent?*

3. *If you were a 33-year-old woman with a good job who liked sports and the seashore?*

4. *If you were a 50-year-old single woman?*

a.
38 enne professionista, laureato, sportivo, amante del mare, cerca donna max. 35enne, buona posizione socio-economica per costruire futuro insieme.

b.
Divorziato giovanile 47 anni cerca brava donna, vedova, signorina, separata, divorziata, anche straniera per rapporto di amicizia, eventuale matrimonio.

c.
Ho 35 anni, sono impiegata, sono di carattere socievole, allegra, dinamica, amo la vita. Spero di incontrare la mia anima gemella.

d.
Donna 35 enne, bella presenza, alta, economicamente indipendente, cerca uomo max. 50enne, serio, socievole, allegro per amicizia, eventuale matrimonio.

4.

Could you help me write a personal ad for an Italian newspaper?

I am a 30-year-old divorced woman with one child. I am economically independent, good-looking, and sociable. I am looking for a man not more than 40 years of age. He should be dynamic, enjoy sports, and love the seashore.

4 *Extra!*

Qualcosa da mangiare o da bere?

1. *Stereotypes should help you unscramble the jumbled words in this activity.*

1. I tedeschi bevono - - - - -   RIBAR

2. Gli italiani bevono - - - - -   FEFAC

3. I francesi bevono - - - - - - - - -   ORIVSOSON

4. Gli inglesi bevono - - - - - - - - -   ATLETELTA

5. Gli americani bevono - - - - - - - -   AOCALOCC

RECORDING

2. *Listen to the recording and decide whether the waiter has got the order correct. If not, what mistakes has he made?*

3. *Read the advertisement for this road atlas and answer the questions!*

1. *List the important selling features of this road atlas.*

2. *How up-to-date is it?*

3. *What present is given with it?*

RECORDING

4. *Listen to this publicity spot and answer the questions below!*

1. *How many volumes are there in this series on Britain?*

2. *What are the other titles in the series in English?*

3. *What chapters does this guidebook consist of?*

4. *What is contained in the introduction?*

5. *How much does it cost and why is this considered a selling point?*

In auto con lei la guida che conosce tutte le strade d'europa e d'italia...

LA NUOVA
AUTOGUIDA
EUROPA
ITALIA

aggiornatissima!

Autostrade
Itinerari turistici
Strade
Notizie utili

Per lei in regalo! Un ombrello

5 Extra!

Direzioni

RECORDING

1. **You are on a guided tour of Rome. Listen carefully to your Italian guide. First, check (✓) the sites you hear mentioned from the list below. Then number the sites mentioned in the order in which you hear them on the recording.**

_____ il Colosseo   _____ Piazza Navona

_____ il Foro Romano   _____ la fontana di Trevi

_____ la chiesa di Santa   _____ il museo nazionale
Maria Maggiore

_____ Piazza Venezia   _____ Piazza di Spagna

_____ il Pantheon   _____ Via del Corso

_____ la Galleria di arte antica

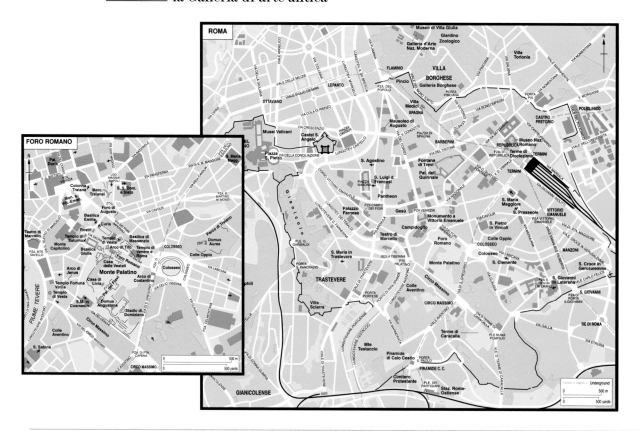

2. *Read the following excerpts from a guidebook to Rome and answer the questions!*

ROMA

ROMA E FEDE

Da vedere! Due statue e due tombe!

Nella Basilica di San Pietro a destra, c'è l'incomparabile statua in marmo bianco della Pietà di Michelangelo che merita almeno cinque minuti di contemplazione.

A sinistra a venti metri circa, c'è il Tesoro di San Pietro. Qui c'è una vera sorpresa: una seconda Pietà, questa volta in gesso. È la prova per la statua in marmo.

Gli Scavi

Nella cripta, c'è la splendida cappella dorata di San Pietro. Ma per vedere la vera tomba di San Pietro in tutta la sua semplicità, visitate gli scavi sotto la Basilica. L'Ufficio degli Scavi si trova nel Vaticano. L'entrata è a sinistra della cattedrale sotto l'arco dove c'è la guardia svizzera.

1. *Where would you find the first famous statue by Michelangelo?*

2. *And where would you find the second?*

3. *What is the difference between the two?*

4. *Why are there two?*

5. *Where would you find the official tomb of Saint Peter and what does it look like?*

6. *Where would you find the actual tomb and how does it differ?*

7. *Where is the Excavations Office?*

8. *How do you get to it?*

9. *Who will you have to pass?*

6 *Extra* !

La routine giornaliera

RECORDING

1. *Listen to Mr. Vinci being interviewed about his daily routine and fill in the blanks in the passage below with the appropriate form of the verb.*

Il signor Vinci _____ (essere) tipografo. _____ (lavorare) per il giornale di Sicilia.

_____ (fare) il turno di notte. Il lavoro _____ (cominciare) a mezzanotte e _____ (finire) alle sei di mattina. Quando _____ (arrivare) a casa, non _____ (andare) subito a letto. _____ (fare) colazione con la famiglia e poi _____ (riposarsi) un po'.

Alle dieci _____ (uscire) con la moglie o _____ (incontrare) gli amici. Non _____ (sentirsi) stanco perchè _____ (essere) abituato a questo ritmo di vita. I suoi figli _____ (tornare) a casa all'una e mezzo e _____ (pranzare) tutti insieme. Verso le due e mezzo _____ (andare) a letto e _____ (cominciare) la sua 'notte'. Lui _____ (alzarsi) verso le nove di sera e _____ (cenare) con la famiglia. Dopo cena _____ (guardare) la tivù o _____ (ascoltare) la musica. _____ (uscire) di casa alle undici e mezzo. Durante la notte _____ (fare) uno spuntino e _____ (bere) molti caffè.

RECORDING

2. *Listen to these comments about Pope John Paul II. Write in Column 2 the comments that correspond to the statements in Column 1.*

1	2
1. il Papa ha 76 anni	non è più giovane
2. non è più attivo come prima	_____
3. si alza alle otto	_____
4. la domenica appare di solito alla finestra	_____
5. è bello essere giovane	_____

3.

The passage on page A14 is adapted from a guidebook to Italy. It tells you the best time to visit certain areas. Imagine that you are going to visit Milan, Venice, Florence, Rome, and the islands of Sicily and Sardinia. First, find them on the map. Then write short notes on the climate, the best time to visit and times to avoid.

Quando partire per l'Italia - una guida per il turista.

Italia - paese del sole? Se è vero per la Riviera e per il Sud, non è altrettanto vero per il resto del paese.

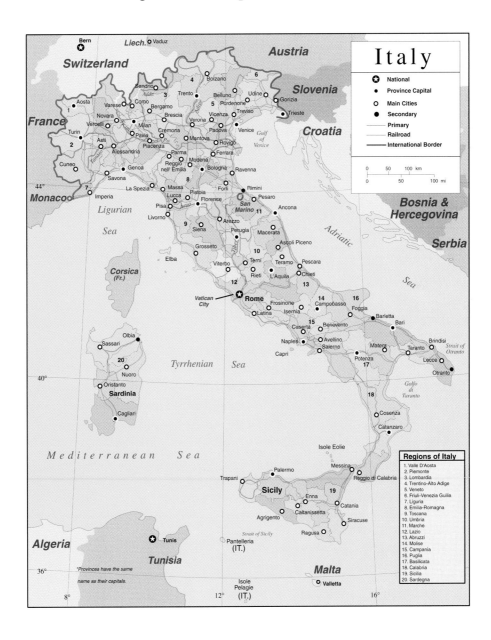

- Nel nord dell'Italia, c'è una differenza fra il clima montano delle Alpi e delle Dolomiti (dove ci sono numerose località di sport invernali e dunque molta neve, ma anche molto sole) e il clima mite della regione dei laghi (Maggiore, Como, Garda) e del litorale ligure, da Ventimiglia a Livorno dove l'inverno è dolce, secco e luminoso e l'estate calda con molto sole.

- La Val Padana ha inverni freddi e nuvolosi; le temperature a Milano sono basse e spesso c'è nebbia. D'estate c'è sole ma è una stagione calda e afosa con frequenti temporali.

- Sul Mare Adriatico a Rimini ad esempio, fa un caldo più sopportabile d'estate ed è un posto molto frequentato dai turisti in cerca di sole. D' inverno, su questo litorale, c'è un vento freddo che si chiama la bora. Venezia è da evitare a luglio e soprattutto ad agosto quando c'è molta umidità e ci sono troppi turisti. Ma è da visitare per il Carnevale a febbraio anche se non fa molto bello.

- A Firenze e nelle regioni dell'Italia centrale, il clima invernale è abbastanza piovoso ma piuttosto mite, eccetto negli Appennini, dove c'è spesso vento. Da maggio a settembre, il tempo caldo, assolato, asciutto consente un soggiorno piacevole in Toscana. Ad ottobre c'è più pioggia e a novembre e dicembre il cielo è spesso molto nuvoloso.

- In tutto il sud a partire da Roma, l'estate è caldissima, secca e assolata sul litorale e a volte torrida nelle colline e nelle pianure interne, in particolare in Sardegna e in Sicilia, soprattutto quando soffia lo Scirocco, vento secco e molto caldo proveniente dall'Africa. Delle volte d'estate, ci sono violenti temporali. D'inverno il clima è molto mite ma la primavera è un buon periodo per visitare il sud dell'Italia, la Sicilia e la Sardegna, soprattutto nei mesi di maggio e di giugno; a Pasqua il bel tempo non è sempre garantito. Roma è da visitare ad ogni momento dell'anno.

7 Extra!

Un giro per la città

1. *Use the following list to help you spell out the names that you hear on the recording.*

A — Ancona

B — Bologna

C — Catania

D — Domodossola

E — Empoli

F — Firenze

G — Genova

H — Hotel

I — Imola

K — Kappa

L — Livorno

M — Milano

N — Napoli

O — Otranto

P — Palermo

R — Roma

S — Salerno

T — Torino

U — Udine

V — Venezia

Z — Zara

Example: Shakespeare

**Salerno–Hotel–Ancona–Kappa–Empoli–Salerno–
Palermo–Empoli–Ancona–Roma–Empoli**

2. *Study the Servizio Telefonico of the Ergife Palace Hotel*
and then answer the following questions:

1. *Can you get room service after 11:00 P.M.?*

2. *You want to leave some precious jewelry in the hotel safe.*
   What are the hours?

3. *Monday, 9:30 AM. You need a haircut. Will you be able to get*
   it in the hotel?

4. *What number will you need to dial if you want to call a taxi?*

5. *Is there a doctor on call at night in the hotel? If so, what's the*
   extension number?

SERVIZI EXTRA	☎	ORARIO
Informazioni	77.44	24 Ore
Cambio valuta estera	44.98	dalle 8,30 alle 20,30
Custodia valori e preziosi	32.58	24 Ore
Servizio in camera	21.35	dalle 6,30 alle 23,30
Servizio guardaroba		
lavaggio a mano	429.45	dalle 7,30 alle 19,30
pulitura a secco	375.64	dalle 8,30 alle 19,30
Lucidatura calzature	591.70	dalle 7,30 alle 19,30
Sartoria	788.36	dalle 9,00 alle 20,00
Parrucchiere		
per signora	434.42	dalle 9,30 alle 19,30
da uomo	875.47	dalle 9,30 alle 19,30
Barbiere	127.81	dalle 7,30 alle 19,30
Radiotaxi	41.57	24 Ore
Servizio medico		
diurno	799.91	dalle 6,00 alle 18,30
notturno	799.52	dalle 18,30 alle 6,00

8 *Extra!*

Alla stazione

RECORDING

1. *Listen to the announcement. Correct the mistakes.*

Arrivi

Da	binario	orario	
Milano	2	12,15	20 min. ritardo
Venezia	6	13,43	
Rimini	11	14,02	15 min. ritardo

Partenze

Destinazione	binario	orario
Napoli	4	14,23
Firenze	8	15,12
Ancona	9	15,55

RECORDING

2. *Listen to the recording and complete the advertisement using words from the list.*

Intercity

200

sei ore

24

10,000 lire

VOLANDO SULLA TERRA...

Viaggare in treno con l'_____ o l'EuroCity è ormai rapido e economico. Per i percorsi inferiori a _____ Km., i biglietti costano soltanto _____. Sono validi per _____. Se vuole cambiare treno i biglietti durano _____ ore. È facile anche raggiungere tutte le principali città italiane, e le numerose città in Europa.

3.

*Now listen and read the advertisement from Activity 2
again and find suitable questions for each answer.*

1. Due mesi.

2. Alle stazioni di partenza.

3. Sei ore.

4. Ventiquattro ore.

5. Intercity e Eurocity.

6. 10.000 lire.

a. Quanto vale il biglietto per percorsi inferiori a 200 km?

b. Quali supplementi vanno convalidati?

c. Quanto dura un biglietto se si cambia treno?

d. Quanto paghi se sul treno non hai il biglietto convalidato?

e. Quanto vale un biglietto?

f. Dove si trovano le obliteratrici?

4.

*Listen to the conversation and rewrite the incorrect
sentences according to the information you hear.*

1. Gustavo e Pietro sono sull'autostrada Roma–Napoli e si fermano al distributore.

2. Pietro mette 50.000 lire di benzina e chiede al benzinaio di controllare la pressione delle gomme.

3. Il benzinaio aggiunge l'olio e l'acqua alla macchina. Poi cambia una gomma perchè è liscia.

4. Il benzinaio dice a Gustavo e a Pietro di prendere l'autostrada e non la strada statale.

5. Ci vogliono 40 minuti, se c'è traffico, per andare a Latina.

5.

Listen to the conversation and answer the questions.

1. Perchè la signora ha preso il tassì?

2. Quanto ha pagato?

3. Che cosa ha chiesto al tassista?

4. Quant'è la tariffa notturna?

5. Nei giorni festivi si paga come nei giorni feriali?

6. Il trasporto del bagaglio è gratuito?

Test 1:

Review of Units 1-3

1. *Write out the missing numbers in each problem.*

   1. undici   + _____ = quindici

   2. cinque   + _____ = otto

   3. dieci   + _____ = diciannove

   4. venti   – _____ = tre

   5. tredici   – _____ = due

   6. diciannove – _____ = cinque

2. *Which word or expression does not belong in each group?*

1. figlia	amico	cugino	fratello	nonno
2. ingegnere	meccanico	maschio	insegnante	parrucchiere
3. arrivederci	ciao	arrivederla	a presto	sto bene
4. abbastanza bene	male	non c'è male	mi chiamo	benissimo
5. tre	quattordici	quanto	nove	diciassette
6. tempo	giorno	mese	anno	settimana

3. *Complete the sentences with the appropriate form of the definite article* **il, lo, l', la, i, gli,** *or* **le**.

   1. _____ signora Bini non parla tedesco, ma _____ signor Bini parla francese.

   2. Non ho _____ orologio, ma sono _____ dieci e mezzo.

   3. _____ amici e _____ amiche di Laura sono simpatici.

   4. _____ zio di Rita è allo stadio con _____ nonni.

   5. _____ figlio e _____ figlia di Giacomo sono gemelli.

   6. _____ amica di Laura è bionda e _____ ragazzo è bruno.

4. *Choose the appropriate response.*

   1. Di dove sei? _____
      (Sono il signor Marini. / Sono di Milano. / Sto bene, grazie.)

   2. Ciao, Samanta! Come stai? _____
      (Sono a casa. / Sto benissimo. / Sono infermiera.)

   3. Quanti anni hai? _____
      (Trenta. / Ho un fratello. / Da dieci anni.)

   4. È sposato? _____
      (Sì, è spagnolo. / No, è avvocato. / No, è divorziato.)

   5. Che lavoro fa? _____
      (No, ho uno studio. / Faccio il medico. / Due minuti fa.)

   6. Per quanto tempo sta qui? _____
      (Da un anno. / Per trovare un lavoro. / Per tre mesi.)

5. *From these jumbled letters find the names of six jobs or occupations .*

   1. rucrarpachie   4. ferrainmie

   2. geinregne   5. tovocava

   3. gnasetenin   6. cimode

6. *Answer each question negatively and give the correct information.*

   Example: Mara è americana? No, è italiana.

   1. I Beatles sono giapponesi?

   2. Luciano Pavarotti è tedesco?

   3. Sofia Loren è inglese?

   4. Barbara Walters è russa?

   5. Al Pacino è francese?

   6. Brigitte Bardot e Catherine Deneuve sono italiane?

7.

Circle the correct word.

1. **Sua/La sua** famiglia è grande.

2. **Mio/Il mio** fratello ha sedici anni.

3. Luciano vive con **sua/la sua** ragazza.

4. Ecco **tuo/il tuo** marito.

5. Oggi vedo **mia/la mia** mamma.

6. Cosa fa **tua/la tua** figlia?

8.

Write two questions (formal and informal) for each of the following answers.

Example: Mi chiamo Mara Martini.   Come si chiama? Come ti chiami?

1. Sono di Firenze.   4. Ho una figlia.

2. Ho trentacinque anni.   5. Faccio l'insegnante.

3. Sì, sono sposata.

9.

Choose the words from the right column to form a logical sentence with the words from the left column.

1. Mio marito ha 37 anni	a. da due mesi.
2. Faccio	b. questa città?
3. Mio figlio	c. la ragioniera.
4. Le piace	d. bella e simpatica.
5. Abito qui	e. ma io ho 33 anni.
6. Mia sorella è	f. lavora per la Fiat.

10.

Underline each **c** *that has a hard sound "k."*

Example: c̲hiamo

1. dieci   4. città   7. maschio   10. celibe

2. che   5. perchè   8. piace

3. chi   6. suocera   9. ciao

Test 2:

Review of Units 4-6

1. *Which word or expression does not belong in each group?*

1. lunedì	mercoledì	venerdì	domenica	mattina
2. panino	pizzetta	cornetto	insalata	ciambella
3. giugno	autunno	gennaio	ottobre	aprile
4. fragola	vino	birra	tè	aranciata
5. via	posta	viale	corso	strada
6. di fronte	accanto	dietro	invece	in fondo

2. *Write the following times.*

Example: 9,00 Sono le nove.

1. 1,15
2. 10,30
3. 12,00

4. 17,45
5. 20,50
6. 24,00

3. *You are at a cafè in Rome. Call the waiter and order each of the following items using the indefinite article (**un, uno una, *or* un'**).*

Example: cappuccino   Cameriere, un cappuccino!

1. caffè
2. aranciata
3. Martini

4. birra
5. scotch
6. Coca-Cola

4. *Choose the words from the right column to form a logical sentence with the words from the left column.*

1. D'estate	a. prendere un aperitivo.
2. La fermata dell'autobus	b. qui vicino?
3. Chiudono	c. fa caldo qui.
4. C'è un ristorante	d. alle 6,00.
5. Vorrei	e. da bere?
6. Che cosa vuoi	f. è davanti alla farmacia.

5.

Complete the sentences with the appropriate forms of **a** *or* **in** *and the definite article as needed.*

1. Quest'estate vado _____ Francia.

2. Oggi resto _____ casa.

3. Mario va in vacanza _____ Stati Uniti.

4. Arriviamo _____ stazione di Firenze.

5. Se nevica Luisa va _____ montagna.

6. Mi piace molto andare _____ teatro.

7. L'avvocato arriva _____ ufficio _____ otto e mezzo.

6.

Write the correct form of the verb in parentheses.

1. Signora, che cosa _____ (**prendere**)?

2. Io _____ (**preferire**) un gelato al limone.

3. Quanto _____ (**costare**) questo poster?

4. D'inverno noi _____ (**andare**) al cinema la domenica.

5. Marisa, a che ora _____ (**svegliarsi**) la mattina?

6. Mia moglie ed io non _____ (**litigare**) mai.

7.

Write the questions to the following answers.

1. Prendiamo un panino al prosciutto.

2. Costano 5.000 lire l'uno.

3. Marco si alza alle 6,30.

4. A luglio fa caldo.

5. Samanta è mia figlia.

6. Il ristorante è davanti alla galleria d'arte.

8. *Circle the correct word.*

1. **Quando/Quanto** va a sciare?

2. **Dove/Dov'è** il duomo?

3. Domani **c'è/ci sono** la partita di calcio.

4. Quanto **costa/costano** queste cartoline?

5. **Ce n'è/ne** uno a cinquanta metri.

6. Il signor Mattei **ti svegli/si sveglia** molto presto.

9. *Choose the appropriate answer.*

1. Desidera? _____
   (Prego!/ Vorrei un panino./ Offro io.)

2. Con ghiaccio? _____
   (No, grazie, senza./ No, grazie, non ho fame./ Basta così.)

3. Fa bello oggi? _____
   (Sì, fa freddo e c'è vento./ Sì, è brutto tempo./ Sì, c'è sole e fa caldo.)

4. Come va in centro? _____
   (In macchina./ Al cinema./ In montagna.)

5. Quanto costa? _____
   (Costano 7.000 lire./ Costa 2.000 lire./ A mezzanotte.)

10. *Write down the month for each of the following holidays.*

1. *Mother's Day*   5. *Independence Day*

2. *Labor Day*   6. *St. Valentine's Day*

3. *Thanksgiving*   7. *Halloween*

4. *New Year's Day*

Test 3:

Review of Units 7-8

1. *Which word or expression does not belong in each group?*

1. autobus   tassista   treno   metropolitana   corriera

2. andata   ritorno   intero   biglietto   ridotto

3. comodo   conveniente   sempre   gratuito   puntuale

4. diretto   binario   rapido   locale   espresso

5. a presto   domani   ieri   oggi   mai

6. discoteca   palestra   piscina   cinema   pianoforte

2. *Match the words with their opposites.*

1. salire   a. grande

2. in anticipo   b. espresso

3. libero   c. in ritardo

4. andata   d. scendere

5. piccolo   e. partire

6. arrivare   f. occupato

7. locale   g. matrimoniale

8. singola   h. ritorno

3. *Circle the correct word.*

1. Ci **vuole/vogliono** cinque minuti da qui a casa tua.

2. Non lavoro mai **la/alla** domenica.

3. **L'uno/Il primo** agosto ho un appuntamento importante.

4. Vado **a/in** piedi perchè non trovo mai parcheggio.

5. Il treno **alle/delle** 8,50 è un diretto.

4. Choose the appropriate answer.

1. Pronto! C'è Andrea? _____
   (Niente, credo./ Sì, un momento./ Ce n'è uno.)

2. Quanto ci vuole per arrivare al capolinea? _____
   (Ci vuole un quarto d'ora./ Non vuole niente./ Ne vuole uno.)

3. A che ora arriva il treno da Napoli? _____
   (Parte da Napoli alle 3,00./ Quello per Napoli è alle 5,00./ È già arrivato.)

4. Va bene domenica? _____
   (Subito!/ D'accordo./ Pronto!)

5. Posso cambiare il mio biglietto? _____
   (Sì, certo./ Facciamo stasera./ Sì, purtroppo.)

5. Match each verb with the appropriate expression.

1. parlare   a. una macchina

2. andare   b. la prenotazione del volo

3. partire   c. una lettera

4. convalidare   d. al telefono

5. noleggiare   e. in anticipo

6. scrivere   f. in palestra

7. confermare   g. il biglietto

6. *Complete the following conversations with the past tense of the verbs in parentheses.*

1. *A:* _____ (**arrivare**) il rapido delle 12,45?

   B: Non ancora perchè _____ (**partire**) in ritardo.

2. *A:* Io _____ (**comprare**) un biglietto di andata e ritorno.

   B: Quanto _____ (**pagare**)?

   A: 100.000 lire.

3. *A:* Quando _____ (**prenotare**), signora?

   B: _____ (**inviare**) un fax due giorni fa.

4. *A:* _____ (**scrivere**) i tuoi amici?

   B: No, ma _____ (**telefonare**) ieri.

7. *Write the questions to the following answers.*

1. No, Luca, mi dispiace. Non posso venire alle 12,00.

2. Sì, mamma. Ho fatto colazione alle 8,00.

3. Ci sono due voli per Milano.

4. Ci vogliono due ore.

5. Il locale parte dal binario 5.

8. *Complete the following conversation with* **dovere**, **potere**, *or* **volere**.

1. *A:* Marcella, _____ venire al cinema questo pomeriggio?

   B: Mi dispiace, ma non _____ _____ andare dal dentista.

2. *A:* Non _____ cancellare l'appuntamento?

   B: Sì, hai ragione. Allora non _____ fare niente e _____ venire al cinema.

9. *Put the following sentences in the correct order and create a conversation.*

1. Una settimana fa.

2. Luigi Proietti.

3. Buon giorno. Ho prenotato una camera matrimoniale.

4. Sì, vedo il suo nome nel computer.

5. Quando ha prenotato?

6. Il suo nome, prego.

7. Ha una camera con doccia?

8. Sì, il deposito è arrivato con il fax di sua moglie.

9. Sì, ce n'è una con tutti i servizi.

10. Ha già ricevuto il deposito?

10. *Say the following sentences in Italian.*

1. *Let's make it tomorrow at 12:30.*

2. *I would like two tickets, please.*

3. *Unfortunately, I live outside of Rome.*

4. *Do you (informal) want to go out with me?*

5. *I'm always free on Saturdays.*

Answer Key

Unit 1

Pages 4–6

2. I. *false*; 2. *true*; 3. *false*

5. I. Brigitte Verdier è francese; 2. Gianni Guerzoni è italiano; 3. Ernst Giese è tedesco; 4. Noriko Tosheiba è giapponese; 5. Maria de Santez è spagnola; 6. Ludmila Gogoleff è russa

6. I. Parla inglese?; 2. Parla russo?; 3. Parla spagnolo?; 4. Parla tedesco?; 5. Parla francese?; 6. Parla giapponese?

Pages 7–10

2. *Answers will vary.*

3. Ib; 2c; 3d; 4a

5. Ib; 2c; 3a

6. 3, 2, I, 4

7. I. Mi chiamo Brigitte. Sono francese di Parigi e parlo russo ma non molto bene. 2. Mi chiamo Ernst. Sono tedesco di Hannover e parlo inglese abbastanza bene. 3. Mi chiamo Noriko. Sono giapponese di Tokyo e parlo italiano ma solo un po'. 4. Mi chiamo Maria. Sono spagnola di Madrid e parlo tedesco abbastanza bene. 5. Mi chiamo Ludmila. Sono russa di Mosca e parlo spagnolo ma non molto bene.

Pages 11–13

2. a3; bI; c2

3. I. Come si chiama? / Come ti chiami?; 2. Di dov'è? / Sei di qui?; 3. Dove abita? / Dove abiti?; 4. Parla inglese? / Parli inglese?

5. aI; b2; c3; d4

Unit 2

Pages 18–21

2. Id; 2a; 3b; 4c

4. I.No, da otto anni. 2. No, da tre settimane. 3. No, da un giorno. 4. No, da due giorni.

5. I. il meccanico; 2. il medico; 3. l'infermiera; 4. l'insegnante; 5. lo studente; 6. la parrucchiera

6. il meccanico; l'impiegato; il medico; l'infermiera; l'insegnante; lo studente; la parrucchiera; l'idraulico; la ragioniera

Your turn: cognome: Rossi; nome: Anna; lavoro: ragioniera; ditta: la Miele

Pages 22–25

2. Ib; 2b; 3a

4. Ib; 2e; 3a; 4c; 5d

Your turn: Da quanto tempo studi italiano? / Parla molto bene. / No, solo da tre mesi. / Per quanto tempo stai qui?

5. *Paul:* studente / 3 anni / per imparare l'italiano / un mese; *Fabrizio:* ragioniere / 12 anni / lavoro / cinque giorni; *Anna Maria:* insegnante / 22 anni / vacanza / due settimane

6. Ib; 2d; 3c; 4a

Pages 26–29

2. Id; 2a; 3b; 4c; 5e

3. aI; b5; c4; d2; e3

4. I. Sì, mi piace molto. È simpatico. 2. Sì, mi piace molto. È interessante. 3. Sì, mi piace molto. È molto bella.

5. *Sample answers:* Come si chiama? Mi chiamo Giulio Saporito. / Che lavoro fa? Faccio il medico. / Dove lavora? Lavoro in uno studio medico in Corso Rosselli.

Unit 3

Pages 34–36

2. I. è divorziato / non é divorziata; 2. non è vedovo / è vedova; 3. ha un figlio / ha due figli

4. I. ventotto; 2. ventitrè; 3. ventinove; 4. trenta; 5. ventiquattro; 6. ventidue; 7. ventuno; 8. ventisei

5. Claudia: mia nonna; Gaetano: mio nonno; Luigi; mio padre; Domenica: mia madre; Giorgio: mio zio; Lucia: mia zia; Giovanni: mio fratello; Mariangela: mia sorella; Paola: mia cugina

6. Giorgio è suo zio; Claudia è sua nonna; Paola è sua cugina; Lucia è sua zia; Mariangela è sua sorella

7. I. Domenica ha un fratello, Giorgio; 2. Francesca ha una sorella, Mariangela. 3. Gaetano e Claudia hanno quattro nipoti: Giovanni, Francesca, Mariangela e Paola.

Pages 37–39

2. I. separato / partner / figli; 2. ex-moglie partner / figlio; 3.unico / genitori divorziati / nuova

3. è separato / ha una nuova partner / la sua ex-moglie ha un nuovo marito / lei ha una nuova famiglia

4. I. i genitori; 2. i fratelli; 3. i fratelli; 4. le sorelle; 5. i figli; 6. le nipoti; 7. gli zii; 8. i cugini.

Your turn: Hai fratelli? / Come si chiama tuo fratello? / È più grande? / E tua sorella?

5. tuo padre; il tuo medico; la tua ragioniera; i tuoi genitori; tua cugina; la tua ex-moglie; le tue sorelle

Pages 40–43

2. I. indaffarato, stanco; 2. bella, alta, intelligente, affettuosa; 3. sportivi, studiosi

3. I. Il marito di Marisa è molto indaffarato e spesso stanco. 2. La ragazza di Matteo è bella, alta, intelligente e affettuosa. 3. I suoi amici sono sportivi e abbastanza studiosi.

4. *Answers will vary.* I. Franco è giovane, bello e sportivo. 2. Rossella è molto impegnata. 3. Laura e suo marito sono contenti ed affettuosi.

Unit 4

Pages 48–51

2. birra 2; Coca-Cola 2; caffè 2; aranciata 3; vino bianco I; pizzetta I; tè 2; cappuccino I; paste 2; gelati 2

3. I. due birre; 2. una Coca-Cola; 3. due aranciate; 4. un caffè; 5. due gelati; 6. una spremuta; 7. due ciambelle; 8. un panino

4. *If you are a man:* Desidera?; E Lei, signore. E per Lei, signore? *If you are a woman:* Desidera? Prego, signora? Che cosa prende, signorina? E Lei, signora.

6. a5; b3; cI; d2; e4

Pages 52–54

2. un amaro senza ghiaccio; un succo di frutta (pera); un bicchiere di vino bianco

3. Offro io. Che cosa prendete?; Che cosa prendi, Antonietta? E per te Paolo?

5. I. *one, friend;* 2. *more than one, friend/acquaiantance;* 3. *one, acquaiantance;* 4. *one, friend;* 5. *more than one, friend/acquaiantance*

Pages 55–57

2. I. *true;* 2. *false;* 3. *false;* 4. *false;* 5. *true*

3. a3; bI; c2; d4

4. I. Quanto costa la guida? 2. Quanto costano i poster? 3. Quanto costano i francobolli? 4. Quanto costa la piantina?

Unit 5

Pages 62–64

2. I. La seconda a destra. 2. La prima a sinistra. 3. La quarta a sinistra. 4. La terza a destra.5. Sulla destra. 6. Sulla sinistra.

3. I. farmacia; 2. supermercato; 3. banca; 4. cabina telefonica; 5. buca delle lettere

4. I. *the National Museum;* 2. *the Colosseum;* 3. *the bar;* 4. *the Hotel Paradiso;* 5. *the Gallery of Modern Art*

5. I. Dov'è il duomo? 2. Dov'è il museo? 3. C'è una farmacia qui vicino? 4. Dov'è la galleria d'arte? 5. C'è un bar qui vicino? 6. C'è un cinema qui vicino?

6. 5, 2, I, 3, 6, 4

Pages 65–68

2. I. Ho sbagliato strada. 2. Ho sbagliato piazza. 3. Ho sbagliato città. 4. Ho sbagliato numero. 5. Ho sbagliato hotel.

3. I. *Take the second on the right.* 2. *Turn right.* 3. *Go straight on.* 4. *Find the right answer.* 5. *Listen to the dialogue.* 6. *Write.*

5. *Sample answers:* I. Il museo è accanto all'hotel. 2. La fermata è davanti all'hotel. 3. La galleria d'arte è dietro il museo. 4. La posta è in fondos. 5. I negozi principali sono di fronte la posta.

6. alla stazione; al Colosseo; al Foro Romano; alla Basilica di San Pietro i all'ufficio; alla tomba

7. I. preferiamo; 2. prendiamo; 3. arriviamo; 4. visitiamo

Pages 69–71

2. 1. Perchè chiude alle quattro e non c'è abbastanza tempo per vedere tutto. 2. Sì, sono tutti chiusi il pomeriggio. 3. I negozi aprono alle nove di mattina. 4. Chiudono alle diciannove e trenta. 5. I grandi negozi sì, i piccoli negozi, no: chiudono dall'una alle quattro.

3. il museo apre alle 09,00, chiude alle14,00; la galleria apre alle 10,00, chiude alle 18,30; il negozio è aperto dalle 09,00 alle 13,30 la mattina e dalle 16,00 alle 17,00 la sera; la banca è aperta dalle 08,30 alle 13,00 la mattina e dalle 15,30 alle 18,00 la sera.

5. *Answers will vary.*

Unit 6

Pages 76–77

2. 7,00: si sveglia e si alza/mi sveglio e mi alzo/ci svegliamo e ci alziamo; 7,45: esce di casa/esco di casa/usciamo di casa; 8,15: arriva in ufficio/arrivo in ufficio/arriviamo in ufficio; 13,30: fa il pranzo/faccio il pranzo/facciamo il pranzo; 15,00–19,00: lavora / lavoro / lavoriamo; 19,00: torna a casa e si rilassa / torno a casa e mi rilasso/torniamo a casa e ci rilassiamo; 20,00: cena / ceno / ceniamo

3. 1. (Silvia) A che ora ti svegli? 2. (Signora Ragusa) Quando fa colazione? 3. (Silvia) A che ora esci di casa? 4. (Signora Ragusa) Va a scuola in macchina? 5. (Silvia) A che ora arrivi a scuola?

4. faccio; mi alzo; Prendo; mi sveglio; faccio; Mi preparo; esco; vado; Comincio; Finisco; torno; preparo; pranziamo; ci riposiamo; Leggo; guardo; torno; lavoro; usciamo; andiamo

Your turn: Answers will vary.

Pages 78–81

2. 1. Marcello e Nadia vanno al cinema il sabato sera. 2. D'inverno se c'è neve vanno a sciare. 3. La domenica d'estate nuotano e fanno windsurf.

3. a2; b4; c5; d7; e9; f8; g1; h3; 6i

4. d'estate: nuota, fa surf, va in discoteca; d'inverno: va a sciare, va al cinema o a teatro, guarda la televisione; in primavera: gioca a tennis, va a cavallo; in autunno: gioca a pallacanestro, ascolta la musica

5. Io: gioco a tennis, vado a cavallo, nuoto, faccio surf, vado in discoteca, ascolto la musica, vado a sciare, vado al cinema o a teatro, guardo la televisione. Guido ed io: giochiamo a tennis, andiamo a cavallo, nuotiamo, facciamo surf, andiamo in discoteca, ascoltiamo la musica, andiamo a sciare, andiamo al cinema o a teatro, guardiamo la televisione.

I miei amici: giocano a tennis, vanno a cavallo, nuotano, fanno surf, vanno in discoteca, ascoltano la musica, vanno a sciare, vanno al cinema o a teatro, guardano la televisione.

6. *Answers will vary.*

Your turn: Torno a casa alle sei e mezzo. / Ceno verso le sette e mezzo e di solito guardo la tivù, o ascolto la musica. / Sì, esco con gli amici. / Andiamo al cinema o a teatro. / Non molto ma d'estate, nuoto e gioco a tennis.

Pages 82–87

2. 1. La pallacanestro. 2. Fa l'allenamento due volte alla settimana, il lunedì e il giovedì. 3. Corre. 4. Il mercoledì. 5. Gioca a calcio. 6. Il tennis. 7. Fa molto caldo.

3. 1a; 2c; 3e; 4d; 5b

5. 1. Sulle Alpi nevica e fa molto freddo. 2. A Venezia piove e c'è vento. 3. In Val Padana da Milano a Parma c'è nebbia. 4. A Roma fa discretamente caldo per la stagione. 5. A Bari c'è vento. 6. A Palermo c'è sole e fa piuttosto caldo.

Your turn: Sample answers: 1. Finisco il lavoro alle sei e mezzo la sera, torno a casa, mangio e mi rilasso un po' davanti alla televisione. 2. Mi piace molto il calcio. 3. Lo pratico d'inverno. Faccio l'allenamento il mercoledì sera e spesso c'è una partita il sabato mattina. 4. Vado in vacanza due volte all'anno, in febbraio ed in luglio. 5. In febbraio, vado in montagna qui in Italia ed in luglio vado al mare. Mi piacciono molto le isole greche. 6. Mi piace sciare d'inverno e fare la vela d'estate. 7. Preferisco quando c'è sole e fa caldo ma non troppo caldo.

Unit 7
Pages 92–94

1. Perchè no? 2. Sì, d'accordo. 3. Va bene.

3. 4, 3, 2, 5, 1

4. *Answers will vary:* Perchè no./Sì, volentieri./Sì, d'accordo./Va bene.

6. 1c (Devo uscire con Roberta.); 2b (Io e la mamma

dobbiamo andare in città.)

7. *Answers will vary:* 1. Mi dispiace, martedì non posso perchè devo andare dal dentista. 2. Mi dispiace, venerdì non posso perchè devo uscire con Roberta. 3. Mi dispiace, domenica sera non posso perchè devo andare al cinema. 4. Mi dispiace, lunedì pomeriggio non posso perchè dobbiamo fare spese. 5. Mi dispiace, non posso perchè devo andare in città con la mamma.

Pages 95–98

2. ho capito: capire; ho telefonato: telefonare; ho manadato: mandare

4. 1. *false*; 2. *false*; 3. *true*; 4. *false*; 5. *true*; 6. *true*

5. 1. Gino e Chiara hanno telefonato un mese fa. 2. Abbiamo mandato la lettera la settimana scorsa. 3. Piero ha inviato il fax ieri. 4. Ho scritto la lettera due giorni fa. 5. Ho telefonato a Marina domenica scorsa.

6. 1. Ho già telefonato a Marcello. 2. Abbiamo appena scritto ad Enzo. 3. Mario ha già mandato il deposito. 4. Ho appena comprato le sigarette. 5. Elisa e Pina hanno già prenotato le camere.

7. vedere: visto; bere: bevuto; chiedere: chiesto; mettere: messo; leggere: letto; prendere: preso

Your turn: 1. No, ma abbiamo visto il telegiornale. 2. Ho preso il tassì. 3. Ho messo la macchina nel garage. 4. Nessuno ha bevuto il tuo caffè. 5. No, ma Enzo e Fiorella hanno visto Mario, ieri.

Pages 99–103

2. sono impegnato/a; non sono libero/a; ho impegni; ho già un appuntamento; sono occupato/a

3. Avv. Marcon: Gio. 11,00: riunione importante; pomeriggio (1,00–5,00): sono impegnato. Ven. pomeriggio: sono impegnato; Mer. 4,00: va bene

Ing. Biancucci: Ven. mattina: appuntamento con il dentista; Lun. di mattina: sono fuori sede; Mer. 4,00: va bene.

5. 1. Ha impegni / È impegnato martedì pomeriggio? 2. È occupato / È impegnato lunedì alle 10,00? 3. È libero / Ci vediamo giovedì alle 4,00? 4. È libero l'avvocato martedì o mercoledì? 5. È libero di mattina?

Pronunciation 2: Questions: 2, 3, 6; *Statements:* 1, 4, 5, 7, 8

Unit 8

Pages 108–111

3. 17,55; diretto; alle 19,58; due

4. *Dialogue 1:* pendolino; 6,55; 9,31; fumatori; solo andata; *Dialogue 2:* non è ancora arrivato in stazione; uno intero e uno ridotto; rapido; 5,50; sì; sì

5. 1. Che treno posso prendere? 2. Devo prenotare? 3. Carrozza fumatori o non? 4. È partito il treno? 5. A che ora arriva?

6. *Answers will vary:* 1. abbiamo guidato; 2. ho ricevuto; 3. sono andati; 4. sono partiti; 5. è arrivato 6. sono restati; 7. abbiamo finito; 8. sono tornati; 9. hai mangiato; 10. ha fatto

7. 1. Ho preso il pendolino. 2. Il treno è arrivato alle 9,31. 3. Ho prenotato il posto. 4. Siamo andati nella carrozza fumatori. 5. Ho comprato due biglietti. 6. Siamo arrivati a Roma alle 5,50. 7 La coincidenza è partita da Roma alle 6,15 ed è arrivata a Latina alle 7,25. 8. Abbiamo pagato il supplemento.

8. È già partito il treno per Roma? / A che ora parte? / È un diretto? / Devo prenotare? / A che ora arriva a Roma? / Da che binario parte?

Pages 112–114

2. Ci sono voli per Perugia giovedì mattina? / Posso prenotare tre biglietti? / Vorrei la fattura. / 06 / 34577898 è il numero telefonico dell'ufficio.

3. sono andato; ho prenotato; Ho dato; sono arrivati; è arrivata; ho lasciato; Sono rientrato

4. 1b; 2a; 3e; 4c; 5d

Your turn: Vorrei noleggiare una macchina di piccola cilindrata. / Per due settimane. / Quanto costa al giorno? / La benzina è compresa? / Posso avere la fattura?

5. 1. Partenza: 11,00; 2. Arrivo: 13,30; 3. Persone: 2; 4. Mezzo di trasporto: Aeroplano; 5. Giorni a Perugia: 3; 6. Giorni a Spoleto: 1; 7. Rientrato: 13 agosto

Pages 115–119

2. 1. *false*; 2. *false*; 3. *true*; 4. *true*

3. b: Il motorino

4. Marcella: 20 minuti; Luisa: più di un'ora; Vittorio: 5 minuti; Enrico: 8 minuti; Paolo: 10 minuti

5. 1. Ci vogliono due ore. 2. Ci vuole un quarto d'ora. 3. Ci vogliono venti minuti. 4. Ci vuole un attimo.

5. Ci vogliono tre giorni.

6. 1. Sì. 2. No, perchè lo studio è vicino a casa. 3. No, perchè è più conveniente. 4. Sì. 5. Sì.

Extra 1

1. *Sample answers:* Ciao, Stefano, come stai?/Bene, grazie e tu?; Buona sera. Signora Meltti, come sta?/Non sto molto bene.

3. 1d; 2a; 3e; 4f; 5b; 6c

4. chiamo; sono; italiana; è; cognome; dove; abita; questo

Extra 2

1. 1b; 2d; 3a; 4c; 5f; 6e

2. 1. È una storia d'amore molto bella. 2. No, è disoccupato. 3. Beatriz è una bellissima donna che lavora in un bar. 4. Neruda è un poeta. 5. Abita fuori del villaggio e cerca un postino per portare la posta a casa sua. 6. È innamorato di Beatriz. 7. È un uomo semplice e non trova le parole d'amore necessarie. 8. Conquista il cuore di Beatriz.

3. 1. *He is unemployed but has a lot of imagination. 2. He works in a large square or in a street where it is possible to park. 3. He helps drivers to find a parking space and looks after the car. 4. If there is no space, the driver leaves the car and the car key with him. 5. Because he is not authorized by the authorities to do it.*

4. 1. *It is a selection process (often an exam) for choosing candidates for public office. 2. Every four years at present. 3. Because there are too many teachers at the moment. It is to limit numbers. 4. The Ministry of Education will consider where teachers are needed and will nominate me to a post on that basis.*

Extra 3

1. 1. Mio zio. 2. Mio suocero. 3. Mia cognata. 4. Mio cugino. 5. Mio genero. 6. Mio figlio.

2. 1. Lavora in tivù. 2. Lavora in tivù anche lei. 3. *Solletico* è un programma per bambini. 4. Mara è golosa e divora il cioccolato. 5. È protettiva e severa. 6. Urla come una pazza.

3. 1c; 2d; 3a; 4b

4. Donna 30 enne divorziata con una figlia, economicamente independente, bella presenza, socievole cerca uomo max. 40 anni, dinamico, sportivo e amante del mare.

Extra 4

1. 1. birra; 2. caffè; 3. vino rosso; 4. tè al latte; 5. Coca-Cola

2. *The waiter got the order correct.*

3. 1. *It contains maps of the towns, motorways, other roads, and useful information. 2. Extremely up-to-date. 3. An umbrella.*

4. 1. *Three. 2. London and England. 3. One chapter on Scotland and one on Wales. 4. Historical notes and useful information. 5. It costs 42.000 and is a good value for the money.*

Extra 5

1. 1. il Colosseo; 2. il Foro Romano; 3. Piazza Venezia; 4. la fontana di Trevi

2. 1. Basilica di San Pietro. 2. *In the Treasures of St. Peter's. 3. One is in white marble, one is in plaster. 4. One is the plaster cast model. 5. It is a splendid golden chapel in the crypt of St. Peter's. 6. In the excavations underneath St. Peter's. 7. Inside the Vatican. 8. The entrance is to the left of the Cathedral. 9. The Swiss Guard.*

Extra 6

1. è; Lavora; Fa; comincia; finisce; arriva; va;. Fa; si riposa; esce; incontra; si sente; è; tornano; pranzano; va; comincia; si alza; cena; guarda; ascolta; Esce; fa; beve

2. 1. Non è più giovane. 2. Non nuota più e non viaggia tanto. 3. Non si alza più prestissimo. 4. Delle volte si sente troppo debole. 5. È triste invecchiare.

3. *Answers will vary.*

Extra 7

1. *Macfarlane:* Milano-Ancona-Catania-Firenze-Ancona-Roma-Livorno-Ancona-Napoli-Empoli; *Hodgson:* Hotel-Otranto-Domodossola-Genova-Salerno-Otranto-Napoli; *Jackson:* i lunga-Ancona-Catania-kappa-Salerno-Otranto-Napoli; *Watkins:* doppia vu-Ancona-Torino-kappa-Imola-Napoli-Salerno; *Appleby:* Ancona-Palermo-Palermo-Livorno-

Empoli-Bologna-ipsilon; *Broomfield;* Bologna-Roma-Otranto-Otranto-Milano-Firenze-Imola-Empoli-Livorno-Domodossola

2. 1. *yes;* 2. *It's open 24 hours.* 3. *yes;* 4. *41.57;* 5. *yes;* 799.52

Extra 8

1. Arrivi: da Milano, binario 3, il treno non è in ritardo; da Venezia il treno ha un ritardo di 12 minuti; da Rimini il treno arriva in orario alle 14,21; Partenze: per Napoli, binario 1 il treno delle 14,20; per Ancona il treno parte dal binario 12.

2. Intercity; 200; 10.000; 6 ore; 24

3. 1e; 2f; 3a; 4c; 5b; 6d

4. 1. Gustavo e Pietro non hanno ancora preso l'Autostrada Roma-Napoli e si fermano ad un distributore per controllare. 2. Pietro mette il pieno e chiede al benzinaio di controllare l'olio. 3. Il benzinaio aggiunge l'olio e l'acqua ma le gomme sono a posto. 4. Il benzinaio dice a Pietro e a Gustavo di prendere la strada statale. 5. Se non c'è traffico, ci vogliono 40 minuti.

5. 1. perchè è caduta dalle scale; 2. 15.400 lire; 3. la ricevuta; 4. 5.000 lire; 5. no; 6. no, costa 2.000 lire

Test 1

1. 1. quattro; 2. tre; 3. nove; 4. diciassette; 5. undici; 6. quattordici

2. 1. amico; 2. maschio; 3. sto bene; 4. mi chiamo; 5. quanto; 6. tempo

3. 1. La, il; 2. l', le; 3. Gli, le; 4. lo; i 5. Il, la; 6. L', il

4. 1. Sono di Milano. 2. Sto benissimo. 3. Trenta. 4. No, è divorziato. 5. Faccio il medico. 6. Per tre mesi.

5. 1. parrucchiera; 2. ingegnere; 3. insegnante; 4. infermiera; 5. avvocato; 6. medico

6. 1. No, sono inglesi. 2. No, è italiano. 3. No, è italiana. 4. No, è americana. 5. No, è americano. 6. No, sono francesi.

7. 1. La sua; 2. Mio; 3. la sua; 4. tuo; 5. la mia; 6. tua

8. 1. Di dov'è ? Di dove sei? 2. Quanti anni ha? Quanti anni hai? 3. È sposata? Sei sposata? 4. Ha figli? Hai figli? 5. Cosa fa? Cosa fai?

9. 1e; 2c; 3f; 4b; 5a; 6d

10. 2, 3, 5, 7

Test 2

1. 1. mattina; 2. insalata; 3. autunno; 4. fragola; 5. posta; 6. invece

2. 1. È l'una e un quarto di mattina. 2. Sono le dieci e mezzo di mattina. 3. È mezzogiorno. 4. Sono le sei meno un quarto di sera. 5. Sono le nove meno dieci di sera. 6. È mezzanotte.

3. 1. un; 2. un'; 3. un; 4. una; 5. uno; 6. una

4. 1c; 2f; 3d; 4b; 5a; 6e

5. 1. in; 2. a; 3. negli; 4. alla; 5. in; 6. a, al; 7. in; alle

6. 1. prende; 2. preferisco; 3. costa; 4. andiamo; 5. ti svegli; 6. litighiamo

7. 1. Cosa prendete? 2. Quanto costano? 3. A che ora si alza Marco?; 4. Che tempo fa a luglio? 5. Chi è Samanta? 6. Dov'è il ristorante?

8. 1. Quando; 2. Dov'è; 3. c'è; 4. costano; 5. Ce n'è; 6. si sveglia

9. 1. Vorrei un panino. 2. No, grazie, senza. 3. Sì, c'è sole e fa caldo. 4. In macchina. 5. Costa 2.000 lire.

10. 1. maggio; 2. settembre; 3. novembre; 4. gennaio; 5. luglio; 6. febbraio; 7. ottobre

Test 3

1. 1. tassista; 2. biglietto; 3. sempre; 4. binario; 5. a presto; 6. pianoforte

2. 1d; 2c; 3f; 4h; 5a; 6e; 7b; 8g

3. 1. vogliono; 2. la; 3. Il primo; 4. a; 5. delle

4. 1. Sì, un momento. 2. Ci vuole un quarto d'ora. 3. È già arrivato. 4. D'accordo. 5. Sì, certo.

5. 1d; 2f; 3e; 4g; 5a; 6c; 7b

6. 1. A: È arrivato / B: è partito; 2. A: ho comprato / B: hai / ha pagato; 3. A: ha prenotato / B: Ho inviato; 4. A: Hanno scritto / B: hanno telefonato

7. 1. Puoi venire alle 12,00? 2. Hai già fatto colazione? 3. Che voli ci sono per Milano? 4. Quanto ci vuole? 5. Da che binario parte il locale?

8. 1. A: vuoi / B: posso; devo; 2. A: puoi / B: devo; posso

9. 3, 5, 1, 6, 2, 4, 10, 8, 7, 9

10. 1. Facciamolo domani alle 12,30. 2. Vorrei due biglietti. 3. Purtroppo abito fuori Roma. 4. Vuoi uscire con me? 5. Sono sempre libero il/di sabato.